세월이 날아가기 전에

예언서 하루 묵상

세월이
날아가기 전에

—

김종익 지음

꿈꾸는인생

하나님 앞에 선 존재

목사님의 3주기 추모 예배를 앞두고 있다. '목사님의 추모 예배', 이 말이 여전히 낯설고 어색하다.

세상에 존재하는 모든 것은 지나간 자리에 흔적을 남긴다. 목사님의 자리에는 편견 없이 베푸는 사랑과 공평한 위로, 그리고 하나님 나라를 가리키는 글이 남았다. 덕분에 목사님은 지금도 사람을 세우고 다독이고 살리고 계신다.

예언서 묵상 글을 엮으며, '하나님 앞에 선 존재'로서의 나를 돌아보았다. 이만큼 살아가는 건 하나님의 자비 때문이고, 순종이 어려운 건 시대와 시절이 아닌 믿음 탓이라는 것도 가슴에 새겼다. 그때나 지금이나 듣지만 듣지 않는 것이 문제다. 이제는 우리 믿는 자들이 진짜 귀를 열고 삶을 돌이켜 하나님의 부르심에 온전히 응답할 수 있으면 좋겠다. 이 책이 그 응답으로 나아가는 이들에게 작은 격려와 소망이 되어 주기를 바란다.

여는 글은 목사님이 2016년 1월에 쓰신 글에서 가져왔다.

2026년 3월
편집자 홍지애

"이스라엘의 역사를 따라가다 보면, 역사 속 사건들의 의미를 밝혀 주는 예언자들의 역사관을 만난다. 가령 이스라엘 왕국사가 드러나는 열왕기에는 왕들에 대한 연대기적 서술은 비교적 간략한 반면, 왕에 대한 판단은 빠짐없이 나타난다. '그가 하나님 앞에서 온전했다'나 '그가 여호와 보시기에 악을 행하였다' 같은 언급들이 그것이다.

이 같은 판단의 기준은 정치·경제적인 평가와는 사뭇 다른 경우가 대부분이다. 이것은 '힘이 곧 승리이며 승리가 곧 선'이라는 역사 평가와는 전혀 다른 눈에 의한 것이다. 곧 하나님 앞에 선 존재로서의 평가다. 이런 판단의 근거는 바로 예언자의 역사관에 있다. 예언자들은 역사의 한복판에서 그 역사에 참여하면서도, 역사를 초월하여 계시는 하나님의 눈과 뜻을 경외했다. 그 믿음으로 행하는 정직한 비판과 반성이 예언자적 역사관의 핵심이다.

성경의 역사나 교회사를 보면, 예언자적 역사관을 잃은 교회의 시대는 소금과 빛을 잃은 시대와 같았다. 역사는 어둠의 나락으로 추락했고, 더불어 교회 공동체도 쇠퇴하거나 소멸되고 말았다. 오늘의 교회 공동체가 반드시 기억해야 할 역사적 사실이다."

• 목차 •

PROLOGUE   하나님 앞에 선 존재 __4

* 세상의소금 염산교회 큐티지 묵상 글을 엮었습니다. 성경 본문을 먼저 읽고, 묵상 글을 읽으시기를 권합니다.

* 성경 번역본은 개역개정과 새번역을 사용하였습니다.

여호와의 말씀이니라

너희를 향한 나의 생각을 내가 아나니

평안이요 재앙이 아니니라

너희에게 미래와 희망을 주는 것이니라

예레미야 29:11

성숙을 위한 다짐

하나님 나라 백성의 영적 성숙은 시간이 흐른다고 자동적으로 이루어지는 것이 아니다. 헌신이 필요한 과제다. 성숙하기를 원하고, 성숙해야겠다고 결정하고, 성숙을 위해 노력하고, 성숙을 위해 몸부림쳐야 한다. 성숙하지 못한 이스라엘과 유다는 하나님을 탄식하게 만들었다. "내가 자식을 양육하였거늘 그들이 나를 거역하였도다"(2절). 이스라엘도 유다도 하나님의 성품을 닮기보다 세상을 닮은 어둠의 자식으로 커 버리고 말았다.

새로운 이스라엘을 자처하는 오늘의 교회는 어떨까. 어떤 대답을 하든 남아 있는 은혜의 때를 놓치지 않는 수고가 필요한 시절이다. 주님께로 돌아와 죄를 씻고 순종이 즐거운 자녀로 거듭나야 한다 (18~19절). 그런 거듭남을 위해 가장 필요한 것이 있다면 사고의 전환일 것이다. "너희는 이 세대를 본받지 말고 오직 마음을 새롭게 함으로 변화를 받아 하나님의 선하시고 기뻐하시고 온전하신 뜻이 무엇인지 분별하도록 하라"(롬 12:2). 참된 변화는 주님의 뜻을 존중하며 살 때 시작된다. 순종이 곧 회개이며 성숙인 것이다. 십자가를 지기까지 순종하신 예수님처럼 사는 것이 우리 인생의 목적이다.

말씀을 사는 사람

예언자 이사야가 바라본 하나님 나라는 모든 사람이 주님의 가르침대로 살면서 평화를 노래하는 때와 곳이었다. "많은 백성이 가며 이르기를 오라 우리가 여호와의 산에 오르며 야곱의 하나님의 전에 이르자 그가 그의 길을 우리에게 가르치실 것이라 우리가 그 길로 행하리라 하리니 이는 율법이 시온에서부터 나올 것이요 여호와의 말씀이 예루살렘에서부터 나올 것임이니라"(3절).

이 노래처럼 주님의 말씀만이 우리를 하나님 나라로 이끈다. 그러므로 하나님 나라의 평화를 바라는 자는 거짓을 버리고 진리인 말씀을 따라야 한다. 없어질 우상을 따르거나(18절) 셈할 가치가 없는 인생을 의지하기보다(22절), 말씀을 살며 진리의 길로 힘써 가는 것이 악한 때를 살아가는 지혜다.

그렇다면 '말씀을 산다'는 것은 무엇일까? 말씀을 아는 데 머물지 않고, '말씀을 행하는' 것이다. 하나님의 뜻을 삶의 중심에 두고 그에 순종하는 것이다. 그리고 하나님의 뜻이 온전히 이루어지기를 적극적으로 바라는 것이다.

질서와 권위가 무너지는 날

"주 만군의 주님께서 예루살렘과 유다에서 백성이 의지하는 것을 모두 없애실 것이다. 그들이 의지하는 모든 빵과 모든 물을 없애시며, 용사와 군인과 재판관과 예언자, 점쟁이와 장로, 오십부장과 귀족과 군 고문관, 능숙한 마술사와 능란한 요술쟁이를 없애실 것이다"(1~3절, 새번역).

그렇다. 주님의 심판이 이루어지면 사회가 의지하던 권위와 질서는 붕괴되고 말 것이다. 이를 뒤집어 이해하는 것도 필요하다. 곧, 모든 질서와 권위가 붕괴되는 것이 바로 주님의 심판이다. 리더십을 발휘할 사람이 얼마나 궁하면 '겉옷'을 가졌다는 이유만으로 공직을 맡아 달라고 사정을 하게 될까(6절). (* '겉옷'을 '공직을 위한 예복'으로 이해할 수 있다.) 그러나 '이런 나라꼴은 나도 고칠 수 없다'며 다들 거절한다니(7절), 심판의 때는 상상 이상으로 막막하겠구나 싶다.

우리 사회는 돈 좀 있거나 줄반장이라도 해 봤다며 "나도 한자리 하자"고 설쳐 대는 이들이 많은 것을 보니 아직 심판의 때는 아닌 것일까. '주의 포도원을 망친 자들', '가난한 이들을 약탈한 자들', 그리고 '교만으로 치장한 자들'을 골라서 심판할 수는 없으려나.

고난 속에서 물어야 하는 것

하나님은 요셉을 감옥에 갇히지 않도록 하실 수 있었고, 다니엘이 사자 굴에 들어가지 않도록 하실 수 있었으며, 예레미야가 구덩이에 던져지지 않도록 하실 수 있었다. 또한 바울이 탄 배가 세 번이나 부서지는 것을 막으실 수도 있었다. 하지만 하나님은 이 사건들이 모두 일어나게 하셨고, 그 결과 그들은 모두 하나님께 더 가까이 가게 되었다.

북이스라엘 왕국은 이미 앗수르에 의해 망했고, 남유다 왕국 역시 바벨론의 침공으로 비참하게 망할 것이지만, 하나님은 그냥 두실 것이다. 버리기 위해서가 아니라 남은 자들을 통해 "그날에 여호와의 싹이 아름답고 영화롭기를" 기대하시기 때문이다(2절). 하나님이 원하시는 것은 당신의 자녀들이 어려움을 피해 사는 것이 아니다. 그들 안에 주님을 닮은 성품이 온전히 자라나는 것이다. 그러므로 우리가 겪는 고난은 하나님의 보복도 저주도 아니다. 오히려 하나님의 포기하지 않는 사랑이며 인내다. 이제 고난 속에서 우리가 물어야 하는 것은 '왜 접니까?'가 아니라, '제가 무엇을 배우기를 원하십니까?'여야 한다.

포도나무의 선택

"이스라엘은 만군의 주님의 포도원이고, 유다 백성은 주님께서 심으신 포도나무다. 주님께서는 그들이 선한 일 하기를 기대하셨는데, 보이는 것은 살육뿐이다. 주님께서는 그들이 옳은 일 하기를 기대하셨는데, 들리는 것은 그들에게 희생된 사람들의 울부짖음뿐이다"(7절, 새번역).

시험이 시험인 것은 그것이 선택을 요하는 일이기 때문이다. 이스라엘과 유다라는 포도나무도 좋은 열매 맺기를 선택할 수 있었다. 그러나 그들은 실패했고, 그에 상응한 심판을 받아야 했다.

우리 또한 "좋은 열매 맺기를 바라는"(2절) 하나님의 은혜를 입은 나무들이다. 하나님이 우리 나무들에게 원하시는 것은 그리스도의 성품이며 성령의 열매, 곧 "사랑과 기쁨과 화평과 인내와 친절과 선함과 신실함과 온유와 절제"다(갈 5:22). 포도원에는 은총의 햇빛도 비치지만, 탐욕과 교만의 유혹이라는 비바람도 몰아친다. 비바람을 이겨 내고 하나님이 원하시는 열매를 맺겠다고 선택할 때, 포도나무는 아름답게 결실할 것이고 포도원은 행복한 동산이 될 것이다. 그러므로 시험이 다가올 때 정신을 차리자. '옳은 일' 하기를 선택할 수 있도록.

시험의 때를 지나고 있다면

유다 왕국을 52년 동안이나 통치했던 웃시야 왕이 죽었다. 그것은 나라 전체로나 이사야 개인으로나 시험거리였다. 주변 정세와 정치적 환경이 복잡다단하여 혼란한 때에 이사야는 하나님의 성전에 엎디었다. 거기서 천사들에게 둘러싸여 찬양을 받으시는 하나님을 뵈었다. 그분의 크고 거룩한 영광에 압도된 이사야는, 자신은 입술이 부정한 죄인이기에 하나님을 찬양하기도 어렵다고 고백하며 탄식했다(5절). 그때 하나님의 거룩한 능력이 그의 죄와 허물을 제하여 주고(6~7절), 더불어 하나님의 말씀이 그를 붙드는 체험을 하게 되었다(8절). 결국 이사야는 한계와 고난이 버젓이 보이는 예언자의 소명을 향해 담대하게 자원하며 순종을 다짐했다. 시험의 때에 오히려 하나님의 성숙한 선지자로 거듭날 수 있었던 것이다.

지금 시험의 때를 지나고 있다면, 시험거리에서 눈을 돌려 하나님을 바라보거나 잠잠히 엎디어 말씀을 기다리는 것이 어떨까. 이사야를 인도하신 하나님은 당신도 인도하신다.

하나님도 참으시니

7장은 열왕기하 15~20장 또는 역대하 26장의 요약 같다. 아하스 왕 때에 북 왕국 이스라엘(에브라임)의 왕 베가와 아람 왕 르신이 동맹하여 유다를 침공했다(1~2절). 이때 하나님은 에브라임은 유다를 이길 수 없을 뿐더러, 오히려 패망하여 다시는 나라를 이루지 못할 거라고 말씀하셨다(3~9절). 그리고 아하스 왕에게는 하나님의 징조를 구하여 하나님의 구원 역사에 순종하라고 하셨다(11절). 그러나 왕은 "주님을 시험하지 않겠다"는 구실로 징조를 구하지 않았다(12절). 그것은 불신앙이었다. 결국 하나님은 스스로 구원의 징조를 보이시며(14절), 구원의 역사를 이루셨다.

이런 이스라엘의 역사를 들여다보고 있으면 답답해진다. '하라면 좀 하지, 어째 믿음이 고것뿐일까' 하는 마음도 든다. 그러나 어쩌랴. 하나님도 기다리신다는데 누가 성급한 비평을 쏟아낼 수 있을까. 하나님은 우리가 고만큼씩밖에 성장할 수 없다는 것을 아신다. 하나님이 기다리신다면 우리도 실망하지 말자. 나 자신에게나 그 누구에게라도 말이다. 주님께는 속도가 중요하지 않다. 달팽이도 결국엔 노아의 방주에 도달하지 않았겠나.

존귀한 전임 사역자

선지자 이사야의 아들의 태어남은 전쟁과 노략을 경고하는 징조가 되었다. 그래서 그의 이름은 "마헬살랄하스바스"('노략이 속히 올 것이다')가 되었다. 그는 태어남을 통해, 그리고 기괴한 이름으로 평생을 살아내면서 주님과 이웃을 섬긴 것이다.

마헬살랄하스바스처럼 극적인 경우는 아닐지 몰라도, 목적이나 의미 없이 태어난 사람은 아무도 없다. 하나님을 섬기도록 우리는 지음 받았고 구원받았으며 부름도 받았다. 우리 모두는 주님의 사역자다(엡 1:1). 그것도 파트타임 사역자가 아니라 풀타임 사역자다. 비록 우리가 그렇게 인식하거나 느끼지 않을지라도 그것은 사실이다. 그러므로 주님의 모든 사역자는 '나의 필요를 누가 채워 줄까'라는 질문을 접어야 한다. 그 대신 '내가 누구의 필요를 채워 줄까'라고 물어야 한다. 당신이 누구이며 당신의 재능이 무엇이고 직업이 무엇이든, 당신은 주님을 섬기고 하나님의 통치에 협력하기 위해 태어났다는 것을 기억하라. 당신은 당신이 아는 것 이상으로 존귀한 사람이다.

주님의 일꾼이 구할 것

주님의 일꾼으로 산다는 것은 기대되는 일이며 자신의 가치를 긍정할 수 있는 복된 부름이다. 그러므로 일꾼들은 나를 일꾼으로 삼으시고 은사와 마음, 그리고 경험을 주신 우리 주 하나님의 뜻을 헤아려 순종하는 겸손함을 늘 구해야 한다. 앗수르는 겸손을 구하는 데 실패했다. 자신을 심판의 일꾼으로 세우신 하나님의 본뜻과는 달리 "허다한 나라를 파괴하며 멸절하기를 즐기고"(7절), 자신의 승리는 자신의 신이 다른 나라의 신을 이긴 것이라고 생각하는 교만과 오만불손함을 드러냈다(10~11절). 한마디로 그들의 끝이 멸망이 아니라면 이상한 일일 수밖에 없도록 행동했다. "그러므로 주께서 주의 일을 시온 산과 예루살렘에 다 행하신 후에 앗수르 왕의 완악한 마음의 열매와 높은 눈의 자랑을 벌하시리라"(12절).

당신은 어떤 일꾼인가. 주님의 뜻과는 다른 용도로 주님의 은혜와 은사들을 사용하고 있지는 않은가. 주님의 눈으로 자신을 묵상해 보라. 그리고 주님의 뜻에 온전히 순종하는 착한 일꾼이 되겠다고 다시 한 번 다짐하라. 그 다짐을 날마다 되새기며 주님과 함께 걷는 것이 겸손이다.

주님과 함께 꿈을 꾸다

하나님은 "이리와 어린 양이 함께 거하며 송아지와 어린 사자가 함께 노는 곳, 어린아이가 독사의 굴에 손을 넣어도 상하지 않는 나라, 평화가 가득한 이런 나라"를 꿈꾸신다. 이 나라의 백성은 서로 질투하지도 않고 더 이상 싸우지도 않는다. 그들은 평화의 나라를 위한 사역자로 부름받았다고 기뻐하며, 스스로 감사와 찬양의 제물이 되어 하나님께 영광을 돌린다. 하나님도 그들을 기쁨과 평화로 통치하신다.

하나님은 지금도 그 꿈을 위해 일하신다(12:5). 하나님의 형상대로 지음 받고 부름받은 일꾼 공동체인 교회는, 마땅히 주님과 같은 꿈을 품어야 한다. 그런 뜻에서 교회는 늘 꿈 공동체여야 한다. 이 공동체 안에서는 이리가 어린 양인 척할 필요가 없다. 송아지가 사자로 태어나지 않았다고 한탄할 필요도 없다. 뱀과 어린아이가 서로 무서워할 이유도 없다. 하나님의 꿈을 품으면 '나의 나 됨'을 감사하며 살 수 있다. 하나님이 '너'와 '나' 안에 주신 은사로 서로를 도와 가며 평화가 가득한 나라를 건설하는 기쁨을 알기 때문이다.

'위대한 종'의 역설

하나님의 걸작인 당신의 위대함은 '다른 사람들이 당신을 얼마나 섬기는가'로 결정되지 않는다. 오히려 '당신이 다른 사람을 얼마나 섬기는가'로 결정된다. 종의 모습으로 이 땅에 오신 하나님의 아들의 위대함이 그런 것처럼 말이다. 그러므로 자신의 위대함을 지키고자 하는 이들은 종의 마음과 종의 자세를 잃지 말아야 한다. 종으로 살수록 위대한 신앙인의 가능성은 더 커진다. 생각해 보라. 이만한 신비, 이만한 역설의 은총이 또 있을까.

그런데 '위대한 종'으로 사는 것은 선택사항이 아니라 순종사항이다. 따라서 실패는 심판을 부른다. 바벨론을 보라. 그들은 하나님의 백성인 유다를 심판하고 열방을 다스리기 위해 선택된 도구였으나 하나님은 그들을 소돔과 고모라처럼 멸망시키겠다고 말씀하신다(13:19). 바벨론이 스스로의 힘에 취해 교만과 강포로 자신을 채웠기 때문이다.

역설의 은총을 잊지 말자. 종으로서 주님을 섬기며 다른 이들의 필요를 채우려 노력한다면, 분명 당신은 주님에게도 사람들에게도 은총과 귀중히 여김을 받게 될 것이다.

도망은 해결책이 아니다

15, 16장은 모압에 대한 심판을 선포하고 있다. 모압의 시조는 아브라함의 조카 롯이다. 그러니 모압은 이스라엘의 형제 민족인 셈이다. 그래서인가. 출애굽 당시 이스라엘이 여러 민족과 전쟁을 치러야 할 때도, 하나님은 모압 족속을 괴롭히지 말라고 하셨다(신 2장). 그러기에 지금의 심판 메시지는 사랑의 매로 이해할 수 있다. 모압이 해야 할 일은 심판을 피해 도망가는 것이 아니라(9절), 죄와 약함을 인정하고 하나님의 사랑에 자신을 맡기는 것이다. 하나님은 도망가면 쫓아가서라도 심판하시는, 그리고 마침내 싸매시는 주님이시기 때문이다.

사람들에겐 감추고 싶고 회피하고 싶은 죄와 약점이 있다. 그러나 도망가는 것은 해결책이 아니다. 하나님은 우리의 죄와 약함을 다 아신다. 그러므로 우리가 할 일은 자신의 죄와 약함을 인정하고, 약함이 만드는 선함도 있다는 걸 긍정하며(주님을 의존하고, 거만하지 않고, 서로 동정할 기회를 준다), 우리의 약함을 도우시는 성령님을 찬양하는 것이다(롬 8:26). 이것이 해결책이다. 하나님은 우리가 죄를 자복하고 약함을 인정할 때, 더욱 분명한 자비로 역사하신다.

사명이기 때문이다

의미 없이 태어나는 사람은 없다. 뜻 없이 세워진 나라도 없다. 모든 족속과 개인은 창조주를 찬송하도록 지음 받았다. 이런 목적을 깨달은 이들은 하나님의 이름과 사랑 그리고 구원의 복음을 전하는 사명(mission)도 알게 된다.

사명의 길이 유쾌할 수만은 없다. 이사야는 모압을 향해 사랑의 매를 드신 하나님을 전하면서, "내 마음이 모압을 위하여 수금같이 소리를 발하며 내 창자가 길하레셋을 위하여 그러하도다"라고 탄식한다(11절). 이렇듯 가슴이 아프고, 때로 상대가 듣지 않아도 전해야 하는 것은, 그것이 바로 사명이기 때문이다.

선택의 여지가 없는 전도의 사명을 '지상명령'(the Great Commission)이라고 부른다. 그곳이 어디든 오늘 당신이 거기 서 있는 이유는 지상명령과 관계가 있다. 거기서 사명자로 사는 것이야말로 그리스도가 메시아로 이 땅에 이미 오신 것과 다시 오실 것을 믿는 자세다. 당신이 그렇게 선교사처럼 산다면 천사들의 찬송은 다시 울려 퍼지지 않을까. "지극히 높은 곳에서는 하나님께 영광이요 땅에서는 하나님이 기뻐하신 사람들 중에 평화로다"(눅 2:14).

역사에서 배워야 한다

하나님은 민족과 개인의 역사 안에 생명의 메시지를 담으신다. "하나님의 아들을 믿는 자는 자기 안에 증거가 있다"고 하신 것처럼(요일 5:10), 하나님을 아는 자는 누구든 자신의 삶으로 하나님의 뜻과 복음을 증언하도록 부름받는다(행 1:8). 그러므로 민족의 역사로 증언된 하나님의 통치의 뜻을 알아듣는 것은 중요한 일이다.

북이스라엘(에브라임)과 동맹을 맺어 (유다도 치고) 앗수르에게 대항하고자 했던 다메섹(아람)의 멸망이 예고되고 있다. 이 메시지에서 우리가 알아들어야 할 것은 무엇인가. 견고한 성읍과 확고하고 효과적으로 보이는 동맹, 천혜의 요새로 구원받는 것이 아니라는 가르침이 아닐까. 그것들이 못나서가 아니다. 그것들을 의지하는 오만함이 문제일 것이다. 열심히 하나님을 찾던 이들도 의지할 만한 힘을 알게 되면 그걸 주신 하나님을 모른 체할 때가 왕왕 있지 않던가(10절). 그러다 근심과 슬픔의 날을 만날 즈음엔 너무 늦어 되돌릴 수도 없게 되고 …. 역사와 역사서에서 배우자. 인간이 얼마나 오만하고 어리석은지 알기 위해서라도 꼭 그래야 한다.

조용히 내려앉는 이슬처럼

"벌레들이 날개 치는 소리가 나는 땅"은 구스(에디오피아) 또는 누비아였다(1절). 이 나라 백성에게 심판이 선포된 이유는 무엇일까. 주전 705년 앗수르 왕 사르곤이 죽자, 구스 왕 사바카는 그 위세를 온 애굽에 떨치게 되었다. 이를 기화로 사바카는 범애굽에 북쪽 왕국들을 더해서 반(反)앗수르 동맹을 만들고자 했다. (* 유다의 히스기야도 이에 응하여 앗수르와 관계를 끊었다. 왕하 18:7 하반부) 그러나 이 또한 주님이 보실 때는 '오만한 분주함'일 뿐이었다. 동맹은 이미 주권자의 심판 아래 있다(1절). 한동안은 주님이 "추수철 더운 밤에 이슬이 조용히 내려앉듯이" 그저 지켜보실 것이다(4절). 하지만 그날이 오면, 동맹을 주도한 구스부터 심판을 면치 못할 것이다. 그 나라 백성은 쓸모없는 포도나무 가지를 쳐내듯 죽임을 당할 것이고, 독수리와 짐승들만이 주검 사이를 분주히 다니게 될 것이다(5~6절).

이 무서운 심판을 행하실 수 있는 하나님이 지금도 시대와 사람을 조용히, 그러나 온전히 주시하신다는 사실을 기억하자. 그것이 두렵든 감사하든 그걸 기억하는 것이 믿음이다.

애굽도 세상의 복이 된다

대국 애굽이 겪을 수치는 세 가지로 임할 것이다. 하나는 "형제가 형제를 치는" 혼란이며(2절), 다른 하나는 그 혼란의 때에 "잔인하고 포악한 왕"을 만나게 되리라는 것인데(4절), 이는 앗수르나 남방의 구스를 만나 이기지 못할 전쟁을 치를 것이란 뜻이다. 마지막 하나는 "강물이 줄어들고 마르는" 가뭄이다(5절). 애굽의 젖줄인 나일의 수량이 준다는 건 애굽 경제에 재앙이 임한다는 뜻이다. 그런데 더 큰 문제는 구세주의 부재다. 결국 "애굽에서는 되는 일이 없고, 우두머리나 말단 인생이나 종려나무처럼 귀한 자나 갈대처럼 천한 자나 가릴 것 없이, 모두 쓸모가 없이 될 것이다"(15절). 이 모든 수치가 주님의 심판이기에 피할 수 없음이 분명하다.

희망은 있다. 주님이 베푸실 구원의 비전을 들어보라. "그날에는 이스라엘과 애굽과 앗수르, 이 셋이 세상 모든 나라에 복을 주게 될 것"(24절)이라니, 놀랍지 않은가. 이 비전 그대로를 동북아에 적용한다면, 한민족과 중국과 일본이 함께 세상에서 복의 근원이 될 것이란 뜻이다. 그런데 정말 그리된다면 참 좋겠다. 기도하고 바랄 일이다.

세계적인 그리스도인

"… 내 백성 애굽이여, 내 손으로 지은 앗수르여, 나의 기업 이스라엘이여, 복이 있을지어다 하실 것임이라"(19:25).

놀라운 비전이다. 우리는 종종 하나님이 세계의 주인이란 사실을 망각한다. 그래서 우리 자신을 세계선교의 비전을 가진 세계적인(World-Class) 그리스도인으로 세우지 못하고, 자기 욕심만을 위해 하나님을 졸라 대는 세상적인(worldly) 그리스도인으로 전락시킨다. 어리석은 일이다. 하나님은 우리가 세계를 향한 선교적 비전가로서 하나님을 섬기기 원하신다. '자기 백성'을 위해서가 아니라, '하나님의 백성'을 위해 벗은 몸 벗은 발로 3년을 살았던 이사야처럼 말이다(2, 3절).

세계적인 그리스도인이 되는 데 장애가 되었던 물리적인 장벽은 이제 거의 남아 있지 않다. 유일한 장벽이 있다면 그것은 우리의 사고방식과 고정관념이다. 발상의 전환이 필요하다. 이기적이고 지역적이며 '지금 여기'만 보는 사고에서, 이타적이고 세계선교적이며 '영원'을 바라보는 사고로의 전환을 추구해야 한다. '세계적인 그리스도인', 오늘 깨닫는 우리의 비전이다.

아침이 오면 밤도 온다

바벨론도, 에돔도… 시작된 날이 있는 모든 것은 끝나는 날을 만나게 된다. "아침이 오나니 밤도 온다"(12절). 하나님은 우리가 이 진리를 전하는 파수꾼이 되기를 원하신다. 사람들은 자신이 '역사적 존재'라는 사실을 곧잘 잊기 때문이다. 많은 이들이 이 세상에 오래 머물기를 기대하며 이 땅에서 이루어 갈 꿈에 집착한다. 그렇게 살아가다 자신들의 역사가 끝나는 날, 곧 심판의 날에 이르러서야 얼마나 어리석게 살았는지를 깨닫는다.

지혜로운 사람만이 오늘이 영원하지 않음을 안다. 그리고 어제, 오늘, 내일을 초월해서 존재하는 영원한 하나님 나라를 준비하며 산다. 여기에 다른 이를 깨우는 파수꾼의 사명까지 다하며 산다면, 그는 지혜로울 뿐 아니라 분명 영생을 사는 사람일 것이다.

우리는 영생의 사람으로 사느냐, 찰나의 사람으로 사느냐 하는 싸움터에 있다. 싸움에서 이겨 메시아가 주시는 면류관을 쓰려면, 지치고 잠든 시대와 영혼들을 부지런히 깨워야 한다. "아침이 오나니 밤도 온다"라고 외치면서 말이다.

환상의 골짜기에서

예루살렘을 가리켜 하나님은 "환상(비전)의 골짜기"라고 부르신다. 그곳에서 하나님은 인생과 공동체 그리고 역사의 비전을 보여주셨다. 이 땅의 교회와 믿는 이들의 가정은 모든 생명과 역사의 주인이신 주님을 만나는 환상의 골짜기다. 거기서 우리는, 자신이 세상에 어쩌다 나타난 존재가 아니라 하나님의 백성으로서 하나님 나라 비전을 따라 살도록 지음 받은 존재라는 사실을 깨닫는다.

그런데 모든 깨달음에는 순종의 책임이 따른다. 비전을 보고도 따르지 않으면, 셉나처럼 수치와 멸망을 당할 수밖에 없다(15, 19절). 반면에 엘리아김처럼 주님의 비전대로 사는 동안에는 "못이 단단한 곳에 박힘같이" 되어 하나님 나라의 영광을 드러낼 수 있을 것이다(23절).

그렇다면 환상의 골짜기로 부름받은 오늘의 교회는 하나님 나라의 비전을 선포하고 있을까. 또 하나의 비전 골짜기인 가정은 대를 이어 하나님 나라의 비전을 전달하고 있을까. 다음세대가 희망을 걸어 놓을 만큼 단단히 박힌 못과 같은 교회와 가정으로 존재하고 있을까. 당신이 "못이 단단한 곳에 박힘같이" 되기를 바란다.

바다는 바다일 뿐

애굽이나 바벨론 같은 제국이 권력의 상징이라면, 해상무역을 통해 명성을 떨치던 두로는 재력의 상징이었다. 두로는 바다가 만들어 준 천혜의 요새와 해군력을 의지하여 무역을 발전시켰고, 많은 부를 축적했다. 그러나 문제가 없지 않았다. 자신의 부와 영향력의 한계를 간과했다는 점이다. 이와 더불어 "만군의 여호와께서… 모든 누리던 영화를 욕되게 하시며 세상의 모든 교만한 자가 멸시를 받게" 하신다는 것도 몰랐다(9절).

아무리 위대해 보여도 바다는 바다일 뿐이다. 돈의 위세가 대단하다 해도 그것으로 하나님마저 대신할 수는 없다. 오히려 세상 것들은 모두 다 심판의 대상이다. 그러므로 당장은 힘 있어 보일지라도 세상과 세상의 것들을 의지해서는 안 된다. 그것들이 심판을 받아 무너지는 날, 그것들을 의지한 모든 이는 통곡하게 될 것이다.

우리가 끝까지 의지할 분은 오직 만군의 주님뿐이다. 당신이 오늘 누리는 평화는 어디서 비롯되었는가. 바다나 돈인가, 아니면 그것들을 다스리시는 주님인가. 오직 주님으로 인해 안심하라. 그것이 평강이다.

보이는 게 다는 아니다

두 천사가 여행 중에 한 부잣집에서 하룻밤 신세를 졌다. 거만한 주인이 내준 지하실은 춥고 바닥은 딱딱했다. 벽에는 구멍도 있었는데, 늙은 천사가 메워 주었다. 의아해하는 젊은 천사에게 늙은 천사는 말했다. "눈에 보이는 게 다가 아닐세. 탐욕스런 부자가 지하실 벽 속의 금을 찾지 못하게 구멍을 막았지." 다음 날에는 가난한 농부의 집에서 자게 되었다. 농부는 그들을 따뜻하게 맞아 주며 자신의 음식과 침대를 내주었다. 그런데 아침에 농부 내외가 울고 있었다. 유일한 소득원인 젖소가 죽어 버린 것이다. 젊은 천사는 가난한 집의 불행을 막지 않았다고 늙은 천사에게 화를 냈다. 그러자 늙은 천사가 대답했다. "눈에 보이는 게 다가 아니라네. 죽음의 천사가 농부의 아내를 데려가려고 왔기에 대신 암소를 데려가라 했지."

바벨론과 애굽이 강해 보이고 앗수르가 영원해 보일 때가 있다. 두로의 부가 부러울 때도 있다. 그러나 눈에 보이는 게 전부는 아니다. 하나님의 심판대 앞에 서면 사라질 것들이 많다(1절). 영원한 것은 주님의 통치와 주님의 영광뿐이다. 그분의 백성으로 사는 것만이 희망이다.

신앙의 수준

　이사야가 활동하던 시기의 유다의 믿음 수준은 바닥이었다. 믿음의 언어들은 있었다. 그러나 입으로는 하나님을 높여도 마음은 아니었다(사 29장 참고). 주님은 권고하신다. "심지가 견고한 자를 평강하고 평강하도록 지키시리니 이는 그가 주를 신뢰함이니이다"(26:3).

　앗수르가 강해 보이면 앗수르 파가 생기고, 바벨론이 강해 보이면 바벨론 파가 생기고, 애굽이 여전히 강하지 싶어 애굽 파가 생기는 수준으로는 완전한 평화를 누릴 수 없다. 다시 말해, 때에 따라 조변석개하는 경험이 하나님 말씀에 대한 신뢰와 순종을 흔들거나 이겨 먹는 수준으로는 하나님의 뜻을 알 수도 따를 수도 없다는 뜻이다.

　망할까 봐, 다칠까 봐, 손해를 볼까 봐, 관계가 어색해질까 봐 말씀대로 사는 것을 포기하고 있지는 않은가. 그 수준에서 벗어나자. 예수 믿느라고, 말씀대로 사느라고 욕도 먹고 민망한 상황도 처해 보고 손해도 입어 보자. 순교는 못 해도 순교의 정신으로 살려는 노력은 해 봐야 하지 않겠나. 그래야 '그날이 오면' 노래할 수 있다.

참지도자의 모델

호치민은 아시아에서 가장 존경받는 사람 중 하나다. 남북 베트남이 서로 싸울 때도 호치민의 생일이면 남쪽 국민들까지 가게 문을 닫고 북쪽 지도자인 호치민에게 존경을 표했다. 그의 사상은 '3꿍 정신'으로 요약된다. '함께 산다'(꿍아), '함께 먹는다'(꿍안), '함께 일한다'(꿍땀)이다. 호치민 자신부터 아무런 특권을 누리지 않고 국민들과 동고동락하면서 국가통일의 에너지 원천이 되었다. 놀라운 것은 호치민의 이런 '지도자 됨'이 정약용의 『목민심서』의 영향이라는 점이다. 정작 정약용의 나라에서는 그런 지도자를 만나기가 어려운데 말이다.

이사야는 참 좋은 '지도자 됨'의 모델로 주님을 꼽는다. 주님은 스스로 "포도원지기"가 되셔서 이스라엘이라는 포도나무를 심으셨고, 할 수 있는 모든 사랑을 베푸셨다. 그러나 이스라엘이 맺은 것은 극상품포도가 아니라 들포도였다(사 5장 참조). 그럼에도 주님은 다시 또 포도원지기를 자청하신다. 사랑으로 보호하고 공의로 가꾸기를 밤낮으로 하겠다고 다짐하신다. 주님이 포도원지기여서 얼마나 감사한가. 주님은 우리를 이용하지 않으신다. 다만 사랑하신다.

사랑하기에 심판한다

"술 취한 자, 에브라임의 교만한 면류관인 너 사마리아야, 네가 짓 밟힐 것이다"(3절, 새번역). 북이스라엘 왕국은 멸망할 것이란 예언 이다. "재난이 유행병처럼 퍼질 때에, 너희가 피하지 못할 것이다. 그 재난이 아침마다 너희를 치고, 밤낮을 가리지 않고 너희를 엄습 할 것이다. …"(19절, 새번역). 유다 왕국 또한 재앙을 피하지 못할 것 이란 예언이다.

하나님은 자기 백성을 사랑하기에 그들에게도 심판을 행하신다. 마치 매를 들어서라도 바로잡으려는 어버이처럼 말이다. 이것을 배 신자를 응징하고 보복하는 권위주의적 권력자의 폭력으로 오해하 면 곤란하다. 주님은 사랑 때문에 심판이든 축복이든 쉬지 않으신 다. 그러니 심판 때에도 주님의 사랑을 의심하지 말아야 한다. 농부 가 "곡식을 떨지만 낟알이 바스러지도록 떨지는 않는 것"처럼, 주님 도 그리하신다(28절). 아픔을 생각하면 분명 심판은 두려운 경험이 다. 그러나 잠잠히 주님의 사랑을 바라본다면 낙심할 일만은 아니 다. 잊지 말자. 주님은 사랑하기에 심판도 행하신다.

총명을 되찾게 될까?

예루살렘이 겪을 환난에 관한 예언이다. 그 성은 아리엘(번제단의 화덕)처럼 될 것이다(2절). 예배와 절기를 지키는 시늉만으로는 그 환난을 모면하기 어려울 것이다. 예루살렘은 죽는 자의 신음 같은 소리만 낼 뿐이다(4절). 그래도 주님은 들으시는지, 예루살렘을 포위한 대적들을 일순간에 티끌처럼 날려 보내실 것이다(5절). 징벌도 구원도 오직 주님 손에 달렸다는 사실을 깨우쳐 주시기 위함일 테다. 그러나 주님이 "잠들게 하는 영을 부어 주셨"기 때문일까(10절). 주님의 백성은 그게 징벌인지도 깨닫지 못할 것이다. 선지자와 지도자들조차도 눈 멀고 귀먹은 자처럼 될 것이다.

이처럼 입술로는 주님을 공경한다면서도 마음은 떠나 버린 백성으로 인해, 결국 주님은 다시 한 번 '기이한' 고난을 계획하셨다(14절). 과연 유다는 또 다른 강국을 의지하려는 꼼수를 내려놓고 주님께로 돌이키게 될까. 토기장이를 진흙처럼 여기던 패역을 벗고 주님의 구원을 사모하게 될까(16절). 잃었던 총명을 되찾고 하나님을 온전히 경외하게 될까(24절). 그런데 지금 우리는, 과연 저들보다 나을까?

하나님의 옐로카드

축구 경기에서 선수가 지나친 반칙을 하면 심판은 옐로카드(경고)나 레드카드(퇴장)를 내밀어 다스린다. 경기가 원활하게 진행되려면 정해진 규칙은 존중되어야 하기 때문이다. 세계를 경영하고 다스리시는 하나님의 눈에 딱 걸린 이스라엘은 이미 퇴장을 당했고, 유다 또한 옐로카드를 받게 되었다. 유다의 지도자들이 앗시리아의 정권 교체기를 틈타 애굽과 손을 잡으려 한 시도는 영락없는 반칙이었던 것이다. 애굽과의 동맹은 죄에 죄를 더하는 짓일 뿐, 아무런 효과가 없을 거라고 하나님은 경고하신다(1~3절). 유다는 바르게만 경기한다면 멸망할 일은 없다는 사실을 모르는 듯 처신했을 뿐 아니라 하나님 대신 앗시리아를 두려워했고, 하나님보다 애굽을 의지했다.

혹시 우리도 하나님을 배제한 채 인생과 가정, 사회와 국가를 경영하고자 하지는 않는가. 이미 하나님이 내미신 옐로카드를 받은 것은 아닐까. 어찌 되었든 우리는 하나님의 경영 안에 있어야 한다. 그래야 하나님이 베푸시는 긍휼의 은혜를 받을 수 있다(18절). 옐로카드 몇 번이면 퇴장이라는 것을 모르는 사람은 없겠지….

당신이 잡은 손

설교 시간에 자주 들었을 이야기다. 한 여행자가 그랜드 캐니언 벼랑 아래로 구르다가, 작은 나뭇가지 하나를 붙잡고 간신히 매달렸다. 그는 겁에 질려 소리쳤다. "거기 누구 없어요? 구해 주세요!" 그러자 음성이 들려왔다. "나는 너의 하나님이다. 구해 주마. 그런데 너는 나를 믿느냐?" "믿고 말고요. 저는 매 주일 교회에 갑니다. 헌금도 꼬박꼬박 하고, 가끔 새벽기도회도 갑니다." "그래, 그래서 나를 믿는다는 거지?" 그는 숨을 몰아쉬며 대답했다. "믿는다니까요. 이제 그만 구해 주세요!" "좋다. 그렇다면 네가 붙들고 있는 나뭇가지를 놓아라." 그러자 그는 한참 동안 조용히 있다가 다시 위를 향해 소리쳤다. "거기, 다른 누구 없어요?"

하나님을 믿는다면서도 그분께 자신을 맡기지 못한다면, 이를 신앙으로 여겨도 괜찮은 걸까. 진실을 말하자면, 그건 불신앙이다. 하나님을 찾기보다 애굽을 의지하려고 달려가는 유다의 불신앙을 보면서 하나님은 답답해하신다. "애굽은 신이 아니다. 사람일 뿐이다"(3절). 신도 아니면서 신인 체하는 것들의 손을 이제 놓자. 우리가 잡아야 할 손은 오직 주님의 손뿐이다.

아직 기회가 있다

지금 우리는 노아 당시의 대홍수 심판과 마지막 심판 사이에 살고 있다. 이는 우리에겐 아직 돌이킬 수 있는 은혜의 기회가 있고, 동시에 은혜의 시기에 돌이키지 않으면 마지막 심판에서 영벌을 면치 못하리라는 것을 의미한다.

오늘 이 시대의 피조물과 인간들은 폭력과 탐욕 내지는 창조의 왜곡으로 인해 주님이 보증하신 '생명'을 위협받고 있다. 어린이들의 기아와 영양실조, 지구촌 곳곳에서 자행되는 인권과 정의의 유린, 피아(彼我)를 구별하지 않는 대량살상 무기의 개발, 종교의 미명 아래 일어나는 빈번한 전쟁들, 마음대로 마실 수 없는 물과 피폐해진 자연 등 지금도 세계 도처에서 죽음을 조장하는 세력은 날뛰고 있다. 그리고 그들로 인한 죽음의 현실은 심각하다. 더 이상 우리는 무관심과 무기력과 무책임으로 일관해서는 안 된다. "가난한 자들을 거짓말로 파멸시키는" 간사한 짓을 멈추고(7절), 주님이 부어주시는 영을 힘입어(15절) "고귀한 일을 계획하고 고귀한 뜻을 펼치며" 살아야 한다(8절). 마침내 광야에 정의가 자리 잡고, 의의 열매인 평안과 안전이 결실할 날을 기다리면서(16~17절).

기도하는 사람

예언자는 기도하는 사람이다. 밀려오는 난리와 심판의 물결을 바라보며, 이사야도 하나님께 "아침마다 우리의 능력이 되어 주시고 어려울 때 우리를 구원해 달라고" 기도했다(2절).

하나님의 진노와 심판의 말씀을 전하면서도 이사야가 담대했던 것은 그가 기도하는 예언자였기 때문이다. 기도의 자리는 희망을 발견하고 선포하는 전망대와도 같다. 이사야는 이 전망대 위에 올라 심판의 언어로 희망을 선포했다. 그가 전하는 하나님 나라의 비전을 들으면 저절로 '주님, 어서 오시옵소서!'를 외치게 된다. "내가 이제 일어나며 나를 높이겠다"(10절)는 하나님의 말씀은 심판인 동시에 구원의 의지였다. 이사야는 이 같은 구원의 희망을 지니고 있었기에 자기 백성에게 심판을 선포할 만큼 용감할 수 있었다.

"주님은 참으로 위대하시다! … 주님께서 너로 안정된 시대를 누리게 하실 것이다. 주님께서 늘 백성을 구원하시고, 지혜와 지식을 주신다. 주님을 경외하는 것이 가장 귀중한 보배다"(5~6절, 새번역).

혼돈의 줄, 황무의 추

만군의 주님이 열국을 심판하시는 날은 "주님께서 복수하시는 날이며, 시온을 구하여 주시고 대적을 파멸시키시는 해, 보상하여 주시는 해"가 될 것이다(8절). 그중에도 에돔을 향한 주님의 복수는 더욱 특별할 거라고 이사야는 예언한다. "펠리컨과 고슴도치가 그 땅을 차지하겠고, 부엉이와 까마귀가 거기에서 자리를 잡을 것이다. 주님께서 에돔을 '혼돈의 줄'과 '황무의 추'로 재실 터이니, 에돔을 창조 전처럼 황무하게 하실 것이다"(11절, 새번역). 제국도 아니던 에돔이 주님께 '찍힌' 이유는 무엇일까. 오바댜의 예언을 들어 보자.

"네 아우 야곱에게 저지른 그 폭행 때문에 네가 치욕을 당할 것이며, 아주 망할 것이다. 이방인이 야곱의 재물을 늑탈하며 예루살렘을 나누어 가질 때에, 너도 그들과 한 패였다. 너는 방관하지 않았어야 했다. 입을 크게 벌리고 웃지 않았어야 했다. 그 재산에 손을 대지 않았어야 했다. 도망가는 이들을 죽이려고 길목을 지키지 않았어야 했다"(옵 1:10~14 요약).

조심하자. 우리도 형제의 고난을 고소해하다가는 에돔 꼴이 될 수 있다. 주님은 한다면 하시는 분이다.

예언력, 곧 상상력으로

주님이 약속하시는 회복, 곧 새 창조의 하나님 나라의 비전이 그려지고 있다(1, 2절). 이사야 당대에 가장 비옥했던 땅의 경험들이 진술된다. 레바논, 갈멜, 샤론, 더 나아가 그 땅의 비옥함을 뛰어넘는 기적 같은 비전이 노래된다. 사막에 꽃이 핀단다. 그것도 무성하게 핀단다.

예언자의 예언력은 상상력이기도 하다. 이사야가 그리는 주님의 심판과 희망을 보라. 실로 놀랍다. 누가 사막을 걸어가며 '여기 꽃 피는 날이 오리라'고 상상할 수 있겠는가. 그러나 주님의 위대하심과 성실하심을 순전히 믿는 예언자라면 충분히 가능한 일이다. 하나님 나라는 어린이가 먼저 안다고 주님이 말씀하시지 않았나(마 11:25). 어쩌면 예언자적 상상력은 처음 믿음으로 돌이켜 회복해야 얻는 것일 수도 있다.

말씀이 그대로 이루어지는 날을 상상하며 '아멘'으로 기도하며 살자. 주님을 노래하며 살아가자. 추억하는 것도 아름답고 노력하며 애쓰는 것도 가상하지만, 예언자적 상상력을 잃으면 광야가 우리를 지배하고 만다. 거기서 맴돌다 길을 잃고 말 것이다.

저들의 입을 막아 주소서

앗수르가 무적이던 시대, 그 나라 장군인 랍사게가 유다와 하나님을 조롱하며 위협하는 말을 쏟아내고 있다. 그 말을 들어야 했던 왕 히스기야와 유다인들은 두렵지 않았을까.

랍사게의 의도는 싸우지 않고 유다를 함락시키는 것이었다. 이를 위해 랍사게는 하나님을 향한 유다인의 믿음을 의심과 두려움으로 바꾸고, 왕과 백성 사이를 이간시키고, 거짓 약속으로 회유하고, 이미 정복한 수리아와 견주어서 유다의 운명을 위협하고자 했다(14~20절).

사단의 전략이 이와 닮았다. 의심과 두려움을 조장해서 믿음의 분별력을 마비시키고, 원망과 불신, 분열로 인한 고통에 지치게 하며, 평안과 안보에 대한 거짓약속으로 미혹한다. 어찌해야 사단의 흉계를 꺾고 믿음과 희망을 지켜 낼 수 있을까. 히스기야처럼 해야 한다. 그는 옷을 찢고 굵은베 옷을 입고는 여호와의 전으로 갔다(37:1). 그리고 멸시와 협박의 글을 여호와 앞에 펴 놓고 기도했다(14~15절). 우리도 "천하 만국에 유일하신 주님께"(16절) 사단의 협박문을 펴 놓고 기도해야 한다. '주님, 이 터무니없는 궤변을 들으시고 저들의 입을 막아 주소서!'

아버지가 계신다

어려서 집에 도둑이 든 적이 있다. 산골 마을로 이사를 했는데 아직 담을 치지 못했을 때다. 물론 개도 없었다. 지금 생각해 보면 참 허술한 형편이었다. 어느 날 밤, 불온한 기척에 잠이 깬 아버지는 일어나서 문을 여셨고, 마침 문고리를 잡고 있던 도둑은 자기가 더 놀라 냅다 도망쳐 버렸다. 아버지와 어머니는 뜬눈으로 밤을 지새우셨다. 어린 누나와 내가 그 일을 알게 된 건 아침에서였다. 우리 남매는 아무것도 모른 채 푹 잤던 것이다. 아버지가 계셔서 그럴 수 있었다.

우리의 아버지이신 하나님은 그 옛날에도 당신 앞에 엎딘 왕 히스기야를 보호하셨다. 앗수르와 산헤립의 "모욕과 멸시"를 두려워하지 말라 하시며(23절), 그것들에게 재갈을 물려 그 오만을 꺾어 버리겠다고 다짐하셨다(29절). 물론 그 다짐은 이루어졌다. 주님이 앗수르의 대군을 치시자 왕 산헤립은 황급히 후퇴하여 니느웨로 돌아갔고, 거기서 아들들의 칼에 맞아 죽었다(36~38절).

당신도 아버지 하나님을 믿는가. 그렇다면 그분의 큰 사랑을 의지하고 평화를 누려 보라.

빨간불이 켜질 때

차도를 달릴 때, 도로의 빨간불은 늘 길게 느껴진다. 그러나 간혹 휴식의 신호처럼 느껴지는 때가 있다. 마음이 여유로운 날이다. 그런 날은 라디오를 켜기도 하고, 거울을 보며 웃어 보기도 하고, 창밖 풍경에 따뜻한 시선을 주기도 한다. 좋은 날이다.

인생의 여로에도 종종 '빨간불'이 켜진다. 보통은 기다리기 힘들어 불평하지만, 지나고 나면 그저 낭비한 세월만은 아니었다고 깨닫기도 한다. 물론 마음이 여유로울 때 그렇다.

왕국도, 자신의 생명도 모두 시한부 선고를 받은 처지에서, 히스기야가 보여 준 믿음의 자세는 부럽기만 하다. 그는 여느 왕처럼 강대국에게 도움을 청하려고 뛰어다니지 않았다. 병든 몸을 고쳐 내라고 누군가를 괴롭히지도 않았다. 그저 하나님을 향해 무릎을 꿇었다. 그리고 통곡했다. 한 나라의 왕으로 그렇게 울 일이 있었을까. 그런데 하나님은 왕의 예물이 아니라, 그 눈물을 보고 그의 기도를 들어주셨다. 다시 파란불을 켜 주신 것이다.

혹시 지금 빨간불 앞이라면 너무 겁먹지 말자. 주님 앞에서 엎디어 울 때란 것만 기억하자.

체험의 그늘이 있다

주님의 자비로 병을 떨쳐 낸 히스기야가 자신도 모르는 새 겸손을 잃었다. 체험은 우리를 확신에 거하게도 하지만 교만의 문을 열게도 한다. 아무튼 그때, 무뢰배 같던 앗수르를 역사의 뒤안길로 보내 버린 바벨론이 마치 친구처럼 다가왔다. 이미 영적 경계심을 늦춰 버린 히스기야는 바벨론 왕의 사자들에게 유다의 속살을 드러내고 단다(2절). 주님의 이름을 높이기보다 자신의 힘과 경험을 은근히 과시하기도 했다. 병문안을 구실로 찾아온 염탐 사절단이 늘어놓는 아첨에, 지혜롭던 왕도 그만 긴장을 풀고 만 것이다.

많은 은혜를 체험한 성도들이 종종 넘어지는 이유가 이와 비슷하다. 바울처럼, "나는 사도들 가운데 어느 누구보다도 더 열심히 일했습니다. 그러나 이렇게 한 것은 내가 아니라, 나와 함께하신 하나님의 은혜입니다"라고 고백할 수 있어야 한다(고전 15:10). 하나님의 은혜를 잊으면 "내가 했다"고 말하게 되고, "당신이 했군요"라는 말도 달게 듣게 된다. 체험의 그늘에서 실족하고 마는 것이다. 더 심각한 문제는, 교만의 끝에서 만나는 주님은 심판의 주라는 사실이다(6,7절). 예외는 없다.

청년도 소년도 넘어지지만

꽃은 늘 웃고 있어서 좋다. 계절에 맞게 말도 걸어 준다. 그러나 건조한 사무실에서 그 미소는 오래가지 못한다. 주님은 우리 인생도 이렇듯 허망하다는 걸 기억하라 하신다. "… 모든 육체는 풀이요, 그의 모든 아름다움은 들의 꽃과 같을 뿐이다. 주님께서 그 위에 입김을 부시면, 풀은 마르고 꽃은 시든다. 그렇다. 이 백성은 풀에 지나지 않는다"(6~7절, 새번역).

풀은 마르고 꽃은 시든다. 그러나 우리 하나님의 말씀은 영원히 서 있다(8절). 이것을 아는 인생은 덧없지 않으며, 영원한 주님의 말씀이 주는 위로와 희망을 누릴 수 있다. 주님의 언약 또한 무궁하기에 그 약속을 의지한 인생은 회복과 치유를 기다려도 좋다(3~5절). 그러니 인생무상이라며 탄식만 하고 있지 말자. 시든 꽃이라도 기억하시며 위로와 소망의 말을 건네시는 주님의 사랑, 그 영원함에 희망을 두자. 청년도 소년도 시들고 넘어지지만, "오직 여호와를 앙망하는 자는 새 힘을 얻는다"(31절)고 하신 우리 주님의 약속을 부여잡고, 오늘은 젊거나 늙거나 상관없이 독수리처럼 힘차게 날갯짓을 해 보자. 오직 주님을 바라보며.

버러지같이 된 날에도

이스라엘은 버러지같이 되었다(14절). 바벨론에게 나라를 빼앗기고 포로가 된 백성에게 남은 건 아무것도 없었다. 그러나 어차피 희망은 땅에 있지 않았다. 희망은 하늘로부터 왔다. "그러나 나의 종 너 이스라엘아 내가 택한 야곱아 나의 벗 아브라함의 자손아 내가 땅 끝에서부터 너를 붙들며 땅 모퉁이에서부터 너를 부르고 네게 이르기를 너는 나의 종이라 내가 너를 택하고 싫어하여 버리지 아니하였다 하였노라"(8~9절).

열방의 주인이신 하나님께 이스라엘은 여전히 '나의 종'이며 '선택한 족속'이며 '친구의 후손'이었다. 땅끝에 있던 이스라엘을 불러내어 아낌없이 사랑해 주신 주님은, 그들이 그 옛날처럼 땅 모퉁이에 떨어진 버러지같이 되어 버려도 그냥 버리는 분이 아니다. 오히려 새롭게 사용해 주시는 분이다(15절). 그만큼 하나님의 사랑과 의리는 사람의 것과 달리 거룩하다. 그러니 세상이 우리에게 화를 내고 "다투자" 하는 날에도 우리는 잠잠히 희망을 붙들 수 있는 것이다. "두려워하지 말라 내가 너와 함께 함이라 놀라지 말라 나는 네 하나님이 됨이라 내가 너를 굳세게 하리라 참으로 너를 도와 주리라 참으로 나의 의로운 오른손으로 너를 붙들리라"(10절).

밤길의 등불처럼

"나의 종을 보아라. 그는 내가 붙들어 주는 사람이다. 내가 택한 사람, 내가 마음으로 기뻐하는 사람이다. 내가 그에게 나의 영을 주었으니, 그가 뭇 민족에게 공의를 베풀 것이다. ··· 그는 상한 갈대를 꺾지 않으며, 꺼져 가는 등불을 끄지 않으며, 진리로 공의를 베풀 것이다"(1~3절, 새번역).

하나님의 구원을 위해 세움 받은 주님의 종은 누구일까. 학자들은 이스라엘이라고도 하고, 이스라엘을 바벨론으로부터 해방시켜 준 바사(페르시아)의 왕 고레스라고도 한다. 그러나 이사야가 "백성의 언약과 이방의 빛"(6절)이라고 선포한 "하나님의 종"에게서, 메시아로 오실 예수님의 모습이 보인다는 데는 이견이 없다. (• 1~4절은 이사야의 '종의 노래', 첫 번째)

사람들이 그리스도 예수의 제자 된 우리에게서도 주님의 종의 모습을 발견할 수 있을까. 주님은 믿어 주시고, 사람들은 우리로 인해 바른 인생길을 갈 수 있다면 얼마나 좋을까. 주님의 종으로 살면서 어떤 일을 만나도 기죽지 않고, 밤이면 더욱 필요한 등불처럼 살기를 소망해 본다.

새 술은 새 부대에

　포도주를 가죽 부대에 저장하던 때가 있었다. 오래된 가죽 부대는 탄력이 사라지고 굳어져서 늘어나지 않는다. 그래서 낡은 가죽부대에 새 포도주를 담다가는 부대가 터져 포도주를 쏟아 버리기 십상이다. 예수님은 가죽 부대의 비유를 들어 제자들을 교훈하셨다. "새 포도주를 낡은 가죽 부대에 넣지 아니하듯"(마 9:17) 좁고 낡은 계율적 윤리 체계로는 자유로운 믿음의 사고를 담을 수 없다는 가르침이었다. "너희는 이전 일을 기억하지 말며 옛날 일을 생각하지 말라 보라 내가 새 일을 행하리니 이제 나타낼 것이라 너희가 그것을 알지 못하겠느냐 반드시 내가 광야에 길을 사막에 강을 내리니"(18~19절).

　이스라엘의 창조자 하나님은 해방과 귀향을 희망하는 이들에게도 '새 술은 새 부대에!'를 요구하셨다. 그들은 광야에는 길도 물도 없다며 주저하는, 과거 경험에 갇힌 불신자들이었다. 주님의 창조적 구원을 믿으며 가는 길은, 늘 새 길이다. 따라서 "나의 광야에 길을 내시든 강을 내시든 주님만 믿고 따르렵니다" 고백하며 가야 한다. 지나간 일은 지난 일일 뿐이다.

다른 신은 없다

지금 이때에도 여전히 새벽을 깨우는 사람들이 있다. 이른 새벽, 성전에 모이는 이들의 목적은 한 가지다. 하나님의 말씀을 붙들고 기도하기 위해서다. "주님, 오직 믿음으로 승리하게 하소서." 믿음이란, 주님을 향한 신뢰 자체인 동시에 종들의 자세를 표현하는 말이다.

믿음이 커지고 깊어지고 넓어지고 강해질 때, 출애굽의 하나님, 곧 바다에 길을 내어 이스라엘을 구원하시고 그 바다에 애굽의 병거와 말과 용사들을 침몰시키신 하나님을 보게 된다. 구원의 이야기를 집중하여 듣고 사모하게 된다.

하나님만이 신이시다(6절). 그리고 우리는 하나님이 하시는 일의 증인이다(8절). 우리를 구원할 힘이 없는 우상 덩어리를 만들고 신성시하는 자들은 무지와 수치를 드러낼 뿐이지만, 하나님을 의지하고 그분께 기도하는 자는 주님이 이루신 구원을 보며 기뻐하게 될 것이다. 잊지 말자. 황폐한 예루살렘을 새롭게 고치고, 깊은 강을 마르게 하며, 고레스를 목자로 세우고, 그래서 당신의 백성을 구원의 길로 이끈 구속자는 오직 신이신 하나님, 한 분뿐이다(26~28절).

고레스도 주님의 종이다

바사의 왕 고레스를 하나님은 기름 부어 쓰셨다(1절). "내가 너를 지명하여 부른 것은, 나의 종 야곱, 내가 택한 이스라엘을 도우려고 함이었다. 네가 비록 나를 알지 못하였으나, 내가 너에게 영예로운 이름을 준 까닭이 바로 여기에 있다"(4절, 새번역). 고레스도 유다인도 이 말씀에 흔쾌히 '아멘'이 되었을까. 교회 밖 누군가에게 교회를 새롭게 할 소명을 준 것이니 말이다. 그러나 우리가 주님의 구원을 증언할 종이지, 주님이 우리의 구원사역이 옳다고 증언해 줄 종이 아니란 걸 생각하면, '아멘'을 못할 이유나 명분은 없어지고 만다.

그렇다. 우리는 그저 주신 소명과 능력대로 주님의 구원을 이루면 된다. "그렇게 해서, 해 뜨는 곳에서나, 해가 지는 곳에서나, 나 밖에 다른 신이 없음을 사람들이 알게 하겠다"(6절) 하신 주님을 찬송하고 증언하면 되는 것이다. 우리 주님은 오늘도 "땅 끝까지 흩어져 있는 사람들아! 모두 나에게 돌아와서 구원을 받아라" 말씀하신다(22절). 어설픈 고정관념에서 벗어나 주님의 부르심을 중계하자. "주님의 뜻이 땅에서도 이뤄지기를 원합니다"(마 6:10)라고 기도하면서.

너희가 백발이 되어도

"벨은 엎드러졌고 느보는 구부러졌도다 그들의 우상들은 짐승과 가축에게 실렸으니 너희가 떠메고 다니던 그것들이 피곤한 짐승의 무거운 짐이 되었도다"(1절). 한때 유다인은 강한 나라, 강한 민족 바벨론의 우상을 부러워했다. 그러나 그것들은 바벨론이 멸망할 때 어떤 도움도 주지 못했다. 반면 하나님은 어떤 분이신가. 늙고 쓸모 없이 된 자녀들도 품에 안고 치료하며 구원해 내시는 사랑과 능력의 아버지와 어머니시다. "너희가 늙을 때까지 내가 너희를 안고 다니고, 너희가 백발이 될 때까지 내가 너희를 품고 다니겠다. 내가 너희를 지었으니, 내가 너희를 품고 다니겠고, 안고 다니겠고, 또 구원하여 주겠다. 너희가 나를 누구와 견주겠으며, 나를 누구와 같다고 하겠느냐?…"(4~5절, 새번역)

홀로 처음이며 끝이신 주권자만이 끝을 결정하신다. 그분이 끝이 공의고 구원이고 평안과 희망이라 하시면, 그저 "아멘!" 하고 따라가면 된다. 가 보지도 않고 염려와 고민만으로 내일을 바라보는 것은 불신앙이다. 그분이 지금 우리에게도 질문하신다. "도대체 나와 같은 자가 어디 또 있더냐?" 당신의 대답은 무엇인가.

우리가 교만한 이유

바울은 "나는 날마다 죽는다"라고 고백했다(고전 15:31). 죽음을 오늘의 사건으로 여긴다는 건 어떤 것일까? 문학 작품이나 드라마를 보면, 죽음을 의식한 사람은 대개 겸손해지고 착해진다. 인생의 남은 시간을 성실하게 살자고 다짐하기도 하고, 지난 잘못에 대해 용서를 구하기도 한다. 욕심을 부리는 일도 사라진다. 그런데 죽음이 눈앞에 다가오지 않는 이상 그렇게 살기란 쉽지 않다. 그리고 대부분의 사람들이 죽음을 오늘내일의 문제로 여기지 않는다.

바벨론 역시 죽음과 실패를 염두에 두고 살지 않았다. 스스로 '의'였고 '신'인 듯했기에 평안과 성공만이 자기들 앞에 있다고 자신했다. 한마디로 교만이었다. 오직 하나님만은 그 교만을 책망하셨다(8~9, 15절). "네가 평안히 앉아서 마음속으로 이르기를 '나보다 더 높은 이가 없다. 나는 과부가 되지 않을 것이며, 자식을 잃는 일도 없을 것이다' 하였지만, 자식을 잃고 과부가 되는 이 두 가지 일이 한 날에 갑자기 닥쳐올 것이다." "너를 구원할 자가 없을 것이다."

죽음과 실패를 잊은 교만은 결국 하나님을 잊은 교만이다. 날마다 죽는 믿음이 교만을 막는다.

끝까지 지킬 이름

베드로는 순박했지만 때로 허세를 부렸고, 예수님을 세 번이나 부인했다. 세상의 이치대로라면 그는 버림받아 마땅했다. 그러나 주님은 베드로에게 은혜를 베푸셨다. 용서를 넘어 성령으로 거듭나게 하셨다. 그렇게 은혜 받은 베드로를 통해 하루에 오천 명이 회개하기도 했다. 은혜에 붙잡혔기 때문인지 베드로는 교만해지지 않고 죽기까지 충성했다.

하나님은 배반한 야곱 족속도 은혜로 붙잡아 주셨다. 주님은 그들에게 진실이나 공의라고는 전혀 없다는 것을 아셨다(1절). 고집센 그들의 "목은 쇠의 힘줄이요, 이마는 놋"이라는 것도 아셨다(4절). 걸핏하면 배신하는 습관도 아셨다. 그래도 하나님은 그들에게서 은혜를 거두지 않으셨다. '이스라엘의 하나님'이란 그 이름을 영예롭게 지키기 위해 그리하셨다(9, 11절). 하나님은 처음부터 각오하셨으며 끝까지, 기꺼이 그리하셨다. 이보다 끈질긴 은혜가 또 있을까. 그래서 우리, 곧 많이 부끄러운 이들도 그 이름을 부를 수 있는 것이다. "나의 하나님", "우리 교회의 하나님", "한국교회의 하나님"이라고 말이다.

손바닥에 새긴 존재

"적군에게서 전리품을 빼앗고, 폭군에게서 포로를 빼내 올 수 있느냐"며 주님의 구원에 고개를 흔들던 이스라엘에게 주님은 대답하신다. "내가 적군에게서 포로를 빼어 오겠으며, 폭군에게서 전리품도 빼앗아 오겠다. 네 자녀들을 구원하겠다"(25절). 하나님의 긍휼과 위로를 믿지 못하고 주님께서 나를 버리셨다 탄식하던 이들에게도 주님은 분명히 말씀하신다. "여인이 어찌 그 젖 먹는 자식을 잊겠으며 자기 태에서 난 아들을 긍휼히 여기지 않겠느냐 그들은 혹시 잊을지라도 나는 너를 잊지 아니할 것이라 내가 너를 내 손바닥에 새겼고 너의 성벽이 항상 내 앞에 있나니"(15~16절).

주님은 우리네 어머니들보다 더 어머니다운 자비의 하나님이시다. 그러니 제 어미의 사랑을 의심하는 자라도 주님의 사랑만큼은 의심하지 말자. 주님이 분명히 말씀하시지 않았나. 더 나아가 우리는 메시아처럼 이 사랑을 전하기 위해 택함 받은 "이방의 빛"(6절)이며, 이정표임을 잊지 말자. 어둠이 짙어질수록 빛의 사명은 커지는 법이다. (*1~6절, '종의 노래', 두 번째)

우리 속에, 오직 사랑

"주 하나님께서 나를 학자처럼 말할 수 있게 하셔서, 지친 사람을 말로 격려할 수 있게 하신다. 아침마다 나를 깨우치신다. 내 귀를 열어 주셨으므로 나는 주님께 거역하지도 않았고, 나를 때리는 자들에게 등을 맡겼고, 피하려고 얼굴을 가리지도 않았다"(4~6절 요약).

이사야가 전해 주는 고난받는 "하나님의 종", 곧 메시아(그리스도)로 오실 분에 관한 세 번째 노래다(42, 49장에 이어). 메시아 예수는 아침마다 혼자 한적한 곳에서 기도하셨다는 것을 기억하는가(막 1:35). 인기와 처세를 위한 카리스마가 아닌, 사랑의 종으로 살기 위한 사랑을 구하자고 스스로를 깨우치셨을 것이다. 주님의 몸인 오늘의 교회도 날마다 엎디어 '사랑의 종노릇'을 위한 그 '사랑'을 구해야 한다. 주님께도, 그리고 교회와 세상에게도 꼭 필요한 사람은 사랑할 줄 아는 사람이다.

강력한 리더십을 가리킬 때 종종 사용되는 '카리스마'는 '칼 있으마'라는 말이 있다. 속에 칼 한 자루씩 품고 있다고 생각하면 무섭다. 우리 속에 '하나님의 종'의 '사랑'이 있기를 구하자. 비록 세련되거나 온전하지는 못해도, 그 사랑으로 말하고 섬기며 생명과 치유의 역사를 이루도록 기도하자.

의에 주린 자들아

하나님은 처음부터 사랑으로 당신의 백성을 선택하셨고, 소망 중에 하나님 나라를 맡기셨고, 믿고 기다려 주신다(1~8절). 그러나 안타깝게도 이스라엘과 유다는 망할 짓을 했다. 이는 보지 않으려고 해도 보이는 현실이었다. 그들에게 의는 없었다.

그런데도 하나님은 그들이 의를 따르며, 의를 아는 자들이라고 기억해 주신다(1, 7절). 그들도 미처 몰랐던 목마름과 주림을 들추며 위로하시고, 하나님의 백성답지 못한 그들을 '내 백성' '내 나라'라고 불러 주신다. 이런 하나님의 자비로운 부름 앞에서 비로소 백성의 기도가 커지게 된 것이다. "여호와의 팔이여 깨소서 깨소서!"(9절) 이제는 맡기겠다며 주님의 능력을 구한다. 염치없지만 고쳐 달라고 주님을 부른다. 자신들이 다 망쳐 놓았음에도 말이다.

우리 주님도 산상보훈을 통해 "의에 주리고 목마른 사람"을 위로하고 축복하셨다, "그들이 배부를 것이다"라고(마 5:6). 하나님은 우리를 구원하시기 위해 능력으로 개입하시며 다가와 위로하시는 주님이시다. 여기에 우리의 소망이 있다.

종의 십자가를 지고

억울한 일들이 세상에는 적지 않다(52:5). 그러나 억울한 일로 치면 메시아 예수를 이길 이가 또 있을까. 죄인들을 살리고 구원하기 위해 모든 것을 다 바친 메시아를, 사람들은 조롱하고 비난하며 십자가에 못 박아 죽였다. 가장 선한 분을 가장 잔인한 방법으로 죽인 것이다.

우리가 사는 세상은 이렇게 모순으로 가득하다. 이런 세상을 살면서 나만 억울하지 않으면 된다는 듯 살아도 될까. 메시아 예수의 희생 덕분에 내가 주님의 자녀로 살고 있다는 그 은총을 기억하자. 그러면 내가 밑졌다, 억울하다 싶을 때 누군가는 생명과 구원을 누리기를 바랄 수도 있지 않을까(14, 15절).

까닭 없는 고난을 자초하기까지 우리를 구하려 하신 주님이 우리의 내려놓음을 알아주신다면, 원통함과 억울함이 전부는 아닌 것이다. 그러므로 울고불고할 만한 일을 만날지라도, 얼굴을 붉히며 복수의 칼을 갈기 전에 '고난받는 종' 메시아를 바라보자. 종의 십자가를 지고 따르라고 부르시는 주님께 잠잠히 물어도 보자. '쿼바디스 도미네'(주여, 어디로 가십니까). (＊52:13~53:12는 '종의 노래', 네 번째)

이제 그만 불행해하자

참사랑을 깨닫지 못하면 누구라도 행복할 수 없다. 그래서 이스라엘도 불행했다. 자신들의 과오를 깨달을수록 하나님의 진노는 당연해 보였다. 비극적인 고난은 영원할 것 같고, 하나님의 구원은 멀게만 느껴졌다.

그러나 주님은 달리 말씀하신다. 주님의 자비가 영원하다고 하신다. 으히려 진노는 잠깐뿐이므로 죗값을 받는 중에도 주님의 영원한 자비에 소망을 두라고 하신다. "내가 잠시 너를 버렸으나 큰 긍휼로 너를 모을 것이요 내가 넘치는 진노로 내 얼굴을 네게서 잠시 가렸으나 영원한 자비로 너를 긍휼히 여기리라 네 구속자 여호와께서 말씀하셨느니라"(7~8절).

주님의 영원한 사랑과 긍휼을 소망하며 이제 그만 불행해하자. 자비의 하나님을 기억하고, 하나님의 약속을 붙든 채 기도하며, 희망을 습관화하자. 화평의 언약은 흔들리지 않는다고 우리 주님은 말씀하신다(10절).

더 겸손해져야 한다

이스라엘은 주눅 들었고, 자신감도 자부심도 잃었다. 예언자는 하나님의 구원의 은혜를 이야기하고 쫓겨났던 땅 예루살렘으로 돌아가리라고 계속 외친다. 그것도 값없이 그 은혜를 받을 수 있다고 장담하면서. 그러나 이스라엘은 의심한다. 자신들의 처지와 주변 정세를 보면 도무지 이뤄질 것 같지 않았던 것이다.

그러나 구원은 우리의 어떤 조건이나 지식 때문이 아니라, 하나님의 긍휼과 자비로 인해 약속되었고 성취된다. 우리는 그저 우리의 악함과 약함을 주님께 온전히 고백하고 우리의 고집을 내려놓으면 된다. 그리고 희망하면 된다.

경험은 때로 우리의 미래를 속단하게 한다. 그래서 '주님의 비전'과 '내 기대'가 뒤섞이고, 순종과 고집의 경계가 종종 모호해진다. 결국 우리는 하나님 앞에서 더 겸손해져야 한다.

"이는 내 생각이 너희의 생각과 다르며 내 길은 너희의 길과 다름이니라 여호와의 말씀이니라 이는 하늘이 땅보다 높음 같이 내 길은 너희의 길보다 높으며 내 생각은 너희의 생각보다 높음이니라"(8~9절).

파수꾼이라는 것들이

셸린저의 소설 『호밀밭의 파수꾼』에서 주인공 홀든 콜필드는 아이들이 뛰어노는 넓은 호밀밭을 상상한다. 밭에서 노는 아이들은 많은데 주위에 어른이라곤 자신뿐이다. 그리고 자신의 뒤에는 아득한 절벽이다. 그가 하는 일은 '아이들이 절벽으로 떨어질 것 같으면 재빨리 붙잡는 것'이다. 아이들은 앞뒤를 보지 않고 마구 달리는 법이라서, 누군가는 그 일을 해야 한다는 게 홀든의 생각이다. 온종일 그 일만 하는 사람, 말하자면 '호밀밭의 파수꾼', 그것이 홀든이 꿈꾸는 일이었다.

'호밀밭의 파수꾼'은 누구나 할 수 있는, 그래서 누구도 선뜻 하지 않는, 그러나 누군가는 해야만 하는 일이었다. 이스라엘의 지도자들에게 요구된 리더십도 그런 게 아니었을까. 그런데 "파수꾼이라는 것들은 눈이 멀어 살피지도 못하고, 지도자로서 망을 보라고 했더니 벙어리 개가 되어 야수가 와도 짖지를 않고, 모두 저 좋을 대로만 하고 저마다 제 배만 채웠다"(56:10~11). 주님은 그 점이 못내 안타까우셨다. 우리라도 깨어 있어야 할 텐데, 과연 그러고 있는 걸까.

바른 금식

　세상 풍조를 좇으며 교만하게 살면서 기도는 열심히 하는 사람들이 있다. 그들이 어떤 기도를 드리는지는 몰라도, 그들도 분명 구하는 것을 얻고자 할 것이다. 그런데 하나님이 들으시는 기도는 깨끗하고 겸비한 기도다. 우리가 구해야 할 것은 하나님의 얼굴이고 하나님의 임재다. 이 땅에, 또 내 삶에 하나님의 임재가 가득 차기를 간구해야 한다. 세상이 아니라 하나님께 굶주린 예배자가 되어야 한다는 뜻이다. 그랬을 때, 하나님께서 우리의 간구를 들으신다는 것이 주님의 약속이다.

　금식도 마찬가지다. 주님이 기뻐하시는 금식은 따로 있다. 바로 '훌륭하고 바르게 사는 삶'이다(58:6~7). 서로 다투고 싸우면서 하는 금식은 하나님이 기뻐하지 않으신다(4~5절). 하나님의 약속은 바른 금식을 드리는 이들에게 주어진다. "그리하면 네 빛이 새벽 같이 비칠 것이며 네 치유가 급속할 것이며 네 공의가 네 앞에 행하고 여호와의 영광이 네 뒤에 호위하리니 네가 부를 때에는 나 여호와가 응답하겠고 네가 부르짖을 때에는 내가 여기 있다 하리라"(8~9절).

　당신의 기도와 금식은 어떠한가.

일어나자. 빛을 비추자!

이사야의 예언대로 예루살렘은 재건되어 다시 번영할 것이다. 전에는 원수들의 조롱을 받았지만, 앞으로는 아름답고 복되다고 칭송을 받을 것이다. 전에는 죄로 인해 곤경에 처했던 이들이지만, 앞으로는 다스리는 자가 되어 부와 권세를 누릴 것이다. 그곳 시온 땅에는 강포한 일이 없겠고, 찬송이 울려 퍼질 것이다. 이 모두가 도저히 회복될 것 같지 않던 예루살렘이 주님의 크신 능력과 자비로 회복되리라는 예언들이다. 이렇게 기적과 같은 비전을 선포하게 하시는 주님의 뜻은 무엇일까. 듣고 일어나라는 것이다. "일어나 빛을 발하라"는 것이다(1절).

예루살렘의 회복과 영광이란 비전을 이룰 힘은 주님께 있다. 그러나 그때의 도래는 예언적 선포와 무관하지 않다. 정치 상황이나 국제정세 같은 것들은 주님의 비전 성취에 배경과 도구가 될 뿐이다. 그러므로 하나님 나라의 비전을 힘써 선포하는 일은 시대마다 깨어 있는 교회의 사명이다. 교회 된 우리가 하나님 나라 비전을 열심히 선포할 때, 자녀들은 평화한국, 선교한국의 주인공이 될 것이다. 가슴 벅찬 상상이 아닌가. 그러니 "일어나자. 빛을 비추자!"

오직 성령 충만

재키 로빈슨은 미국 메이저리그 최초의 흑인 선수다. 하루는 그가 필드에 모습을 드러내자 백인 관중들이 야유를 퍼부으며 "니그로"라고 외쳤다. 그때 백인인 리즈가 로빈슨에게 다가가 그를 감싼 채 관중을 쳐다보았다, 야유가 잦아들기까지. 그날의 포옹은 야구계가 흑인 재키 로빈슨을 인정한 계기가 되었다.

리즈처럼 행동하는 것을 '중보기도자로 산다'고 할 수 있다. "아름다운 소식을 전하는 자들"(61:1), "의의 나무"(3절), "여호와의 제사장", "하나님의 봉사자"(6절)는 다 중보기도자로 사는 이들을 일컫는 표현이다. 그들의 선포와 간구와 섬김으로 슬픈 자들은 위로를 받는다. 그러면 '누가' 중보기도자로 사는 것일까. 다른 조건은 없다. 오직 주 하나님의 영, 곧 성령으로 충만한 자들이다(1절).

당신도 주님과 이웃에게 기쁨과 격려가 되고 싶은가. 슬픈 자들의 눈물을 닦아 주고 싶은가. 그렇다면 구할 것은 돈이나 시간이나 건강이 아니다. 오직 성령 충만함이다. 그리고 지금이 바로 성령 충만을 구할 때다(엡 5:18).

희망과 비전의 뿌리

회복과 치유에 관한 복음을 듣고 희망에 부풀었던 유다 사람들이 다시 또 근심에 처하게 되었다. 고난의 때가 길어서였을까. 그들의 하소연이 마치 원망소리처럼 들린다. "주의 거룩한 백성이 땅을 차지한 지 오래지 아니하여서 우리의 원수가 주의 성소를 유린하였사오니 우리는 주의 다스림을 받지 못하는 자 같으며 주의 이름으로 일컬음을 받지 못하는 자 같이 되었나이다"(18~19절).

지하수 층이 지표면에서 가까운 지역에서는 나무들이 뿌리를 깊이 내리지 않는단다. 그래서 폭풍우가 몰아치면 거대한 몸집을 가진 나무들이 맥없이 쓰러진다고 한다. 희망과 비전도 마찬가지 아닐까. 뿌리가 깊지 못하면 작은 환란에도 쉬 꺾이기 마련이다.

희망과 비전의 뿌리를 깊게 하는 거룩한 작업이 있다. 바로 기도다. 예언자는 출애굽 때 만난 하나님에게까지 거슬러 올라가 희망의 뿌리를 내리고 있다(11절). 잊지 말자. 주님의 말씀과 구원의 언약에 뿌리내린 예언자적 기도야말로 흔들리지 않는 희망의 힘이고 비전의 능력이다.

삶의 초점을 조정하라

삶이 곤고하여 초조해진 이들은 문제들에 매달리는 경향이 있다. 그러나 어려운 문제일수록 문제보다 하나님께 초점을 맞추어야 극복할 수 있다. 곤고한 삶이 때로 우리에게 은혜인 것은, 그 어려움으로 인해 삶의 초점을 조정할 수 있기 때문이다(4절).

주님은, 정의를 기쁘게 실천하는 사람, 주님의 길을 따르는 사람, 주님을 기억하는 사람을 기꺼이 만나 주신다(5절). 그들에게 하나님은 은혜로운 아버지이며 자비로운 토기장이시다(8절). 주님은 자녀들이 회개하고 돌아올 때마다 사랑의 치유와 회복의 은혜를 베푸시어, 그들로 하여금 독수리처럼 날아오르게 하신다. 주님이 생명력을 불어넣으시면, 그들은 달음박질을 하든 걸어가든 피곤하지 않는 새 창조의 기운을 누리게 된다. 그러므로 어려울 때일수록 주님의 이름을 불러야 한다. 믿음으로 분발하여 주님을 향해 더 간절히 부르짖어야 한다(12절). 오직 주님께 초점을 맞추고 사는 믿음과 지혜를 구하자. 그만한 복이 또 어디 있겠는가.

종일 팔을 벌리고 있다만

25절은 하나님이 이스라엘을 데려가고 싶은 곳이 어딘지 알려 준다. 우리 안에 이루고 싶은 하나님 나라의 이미지이기도 하다. "이리와 어린 양이 함께 먹을 것이며 사자가 소처럼 짚을 먹을 것이며 뱀은 흙을 양식으로 삼을 것이니 나의 성산에서는 해함도 없겠고 상함도 없으리라"(25절). 그곳, 그 나라를 주님이 창조하시는 '새 하늘과 새 땅'이라고 부른다. 그리고 주님은 우리를 그리로 데려가시려고 종일 팔을 벌리고 계신다(1, 2절).

그러나 하나님의 백성이란 자들은 그런 하나님을 늘 분노하게 만들었다. 그들은 탐욕과 우상숭배에 여념이 없었다. 그러면서도 자신들은 낫다며 다른 민족, 다른 사람들을 혐오하고 스스로를 거룩하다 여겼다(4~5절). 이 엄청난 간극을 메우는 방법은 심판 아니면 회개뿐이다.

주님은 늘 '나 여기 있다!' 하며 두 팔 벌리고 계신다. 혹시 우리도 팔 벌린 예수님을 외면한 채 운수의 신(갓)과 운명의 신(므니)을 예배하느라고 바쁜 것은 아닌가(11절). 온전한 회개와 바른 믿음이 일상의 중심이 되는 삶을 회복하자. 그래서 주께서 데려가겠다 하신 새 하늘과 새 땅에서 살게 되기를 바란다.

새 생명의 은혜

19세기 최고의 시인이라는 롱펠로는 1835년 하버드대학 교수가 되기 전에 첫 부인을 잃었다. 그리고 스위스에서 프랑세즈 애플턴을 만나 결혼했지만, 그녀 또한 1861년에 사고로 죽고 말았다. 롱펠로가 임종이 가까웠을 때 한 기자가 물었다. "선생님은 부인 두 명과 사별한 아픔뿐 아니라 많은 고통을 겪으며 살아오신 것으로 압니다. 그런데 그런 환경 속에서 어떻게 그토록 아름다운 시를 쓸 수 있었습니까?" 롱펠로는 마당에 있던 사과나무를 가리키며 말했다. "저 나무가 내 스승이었습니다. 저 나무는 몹시 늙었습니다. 그러나 해마다 꽃이 피고 열매를 맺습니다. 옛 가지에서 새 가지가 나오기도 합니다. 나는 생명 되신 예수 그리스도께 날마다 새 생명을 공급받아 인생의 새로운 꽃을 피우고 열매를 맺으며 살아왔습니다."

심판과 고난의 광야를 지나온 이스라엘에게 하나님은 새 생명의 은혜를 약속하신다(10, 11절). "새 하늘과 새 땅이 내 앞에 항상 있는 것 같이 너희 자손과 너희 이름이 항상 있으리라"(22절)고도 다짐하신다. 당신도 주님의 사랑과 능력을 믿는다면, 새 생명의 은혜를 희망하라. 그리고 찬양하라.

남들처럼 살기보다

'예레미야'라는 이름은 '여호와가 높이신다, 세우신다'는 뜻을 가지고 있다. 그는 자신의 이름처럼 살았다. 사실 예레미야는 '남들처럼' 살 수 있었다. 당시 예언자, 제사장, 지혜자 등은 하나님의 일과 인간의 도리에 정통해서, 그것을 가르칠 수 있다고 용인된 전문가들이었다. 제사장 집안에서 태어난 예레미야도 '그들처럼' 전문가로 살 수 있었다. 그러나 예레미야는 그런 류의 삶을 선택하기보다, 자신의 이름에 담긴 정체성에 순종했다. 여호와의 말씀을 들었기 때문이다.

주님은 그를 자신의 '언어'로 삼았다고 하셨다(9절). 그가 하는 말대로 주님의 심판이, 또는 치유와 회복이 이뤄지리라고 약속하신 것이다(10절). 게다가 그는 주님이 보여 주시는 상징적 환상을 보았다(11, 13절). 본 것이 있으니 보지 못한 사람들의 숱한 오해와 야유, 그리고 미움을 받으면서도 외쳐야 했다. 그래야 '예레미야'이기 때문이다.

주님은 당신에게도 '남들처럼'이 아닌 '예레미야처럼'을 기대하신다. 당신도 그럴 수 있다. 아니, 그래야 한다.

고질병이 되기 전에

가끔 발목을 삐는 경우가 있다. 경미하게 삔 경우에는 'RICE 요법'이라는 처치만으로 충분히 회복될 수 있다. 적절한 휴식(rest), 냉찜질(ice), 압박(compression), 다리 올리기(elevation)가 그것이다. 그러나 심하게 삐었다면 꼭 치료를 받아야 한다. 그냥 참고 계속 움직이면 더 큰 부상이나 고질적인 아픔을 야기할 수 있다. 발 전문 의사들은 삔 발목에 익숙해져 통증 치료에 소홀하면 자주 재발할 수 있다고 경고한다. 그러나 많은 사람들이 의사의 권고를 무시하고 치료하기를 중단한다. 의사의 말을 무시하는 것은 발목을 삔 것보다 더 나쁘다는 것을 그 당시는 모르기 때문이다.

유다 민족은 자신의 죄악을 고질적이고 절망적인 질병으로 키우고 말았다(19절). 이제 남은 것은 완전한 회복을 보장받지도 못한 채로 받는 수술처럼, '심판'이라는 대수술뿐이었다.

우리는 어떤가. 죄의 길에서 어긋난 발목을 제대로 치료받기는 한 걸까. 아픔을 느끼는 순간이 기회임을 잊지 말자. 아픔을 간과하지 말고 반드시 하나님의 치료를 받아야 한다. 다른 길은 없다.

자각의 은혜를 따라

사회학자 소로킨은 문화의 유형을 관념적 유형, 감각적 유형, 이상적 유형으로 구분했다. 관념적 유형은 영적인 차원을 가장 중요시하고, 감각적 유형은 세상적인 가치를 가장 중요한 것으로 보며, 이상적 유형은 영적인 차원과 함께 현세적인 가치나 필요도 중요하게 생각한다. 소로킨은 한 사회의 문화가 감각주의로 치달을 때, 쇠퇴와 붕괴의 조짐이 나타난다고 보았다. 다만 거기에 '자각의 은혜'를 받은 사람들이 있다면 소생이 불가능한 것은 아니라고 덧붙인다.

음란과 악행으로 더럽혀진 유다에 절실한 것이 바로 '자각의 은혜'였다. 그러나 유다 사람들은 "창녀의 낯"을 가진 것처럼 수치도 모른 채(3절), 스스로의 악을 고치는 대신 주님의 자비를 오히려 이용하려 했다. 기가 막혔지만 주님은 또 인내하신다. "배역한 자식들아 돌아오라 내가 너희의 배역함을 고치리라"(22절). 자각의 은혜를 받은 자라면 이렇게 대답했을 테다. "우리가 지금 주님께 돌아옵니다. 주님만이 주 우리의 하나님이십니다"(22절, 새번역).

우리에게 필요한 것도 자각의 은혜다. 자각의 은혜를 따라 참회하며 살아야 한다.

괴롭고 슬퍼도

이사야는 여호와의 심판을 전하는 일을 수행하면서 개인적인 감정을 거의 노출시키지 않았다. 꼭 한 차례, "나를 실컷 울게 내버려 두라"고 했을 뿐이다(사 22:4). 그러나 예레미야는 파멸을 선고할 때마다 무척 힘겨워했다. 자신이 선포해야 하는 그 끔직한 일들 때문에 자기가 먼저 갈기갈기 찢기듯 느꼈다. "슬프고 아프다 내 마음속이 아프고 내 마음이 답답하여 잠잠할 수 없으니 이는 나의 심령이 나팔 소리와 전쟁의 경보를 들음이로다 패망에 패망이 연속하여 온 땅이 탈취를 당하니 나의 장막과 휘장은 갑자기 파멸되도다 내가 저 깃발을 보며 나팔 소리 듣기를 어느 때까지 할꼬"(19~21절).

모름지기 회개를 촉구하는 자들은 아모스나 이사야같이 냉철하기도 해야 하지만, 예레미야같이 아파할 줄도 알아야 한다. 당신은 어떤가. 가족과 이웃의 죄를 보며 냉철하게 책망하는가. 아니면, 언젠가 들릴 그들의 비명을 생각하며 가슴이 찢어지는 듯한 고통을 느끼는가. 어쨌든 그들에게 외쳐야 할 사람은 당신이다.

그 한 사람

아브라함이 소돔과 고모라의 죄인들을 위해 하나님께 간청할 때도(창 18:16~33), 두 도시에 자비를 베푸는 기준을 의인 열 사람 이하로 감히 낮추지 못했다. 그런데 하나님은 예레미야에게 예루살렘에서 단 한 사람의 의인이라도 찾아내라고 도전하신다(1절). 만약 그런 사람을 한 명이라도 찾는다면 예루살렘을 구원하시겠다는 것이다. 예루살렘과 유다를 위해 탄원하고 싶었던 예언자는 오히려 절망에 빠지고 말았다. 백성과 지도자들 사이를 헤매며 도시를 샅샅이 뒤져 보았지만 여호와의 용서를 받아 낼 만한 단 하나의 의인을 찾아내지 못했기 때문이다(4, 5절).

유다의 범죄는 이미 백성의 종교적 삶의 지형을 변질시켰고(19절) 일상생활도 철저히 타락시켜서, 유다 사회는 어느덧 영적, 도덕적 암흑기에 처한 지 오래되었다(26~31절). 이제 예레미야는 하나님의 심판이 더 이상 유보될 수 없다고 외친다. 그러나 백성들은 거짓 평안을 외치는 사이비 예언자들과 "자기 권력으로 다스리는" 제사장들의 말 듣기를 좋게 여기고 있었으니(31절), 어쩌면 좋단 말인가. 아, 주님, 지금도 그 '한 사람'을 찾고 계시는지요.

'은 찌꺼기' 같아졌으니

요시야의 개혁정책으로 인해 유다는 잠시 희망을 보았지만, 개혁은 지속되지 못했고 북방에서 밀려오는 바벨론의 힘에는 속수무책이었다. 결국 심판은 현실이 되고야 말았다. 하나님은 심판을 앞에 둔 백성들에게 은 제련에 관한 이야기를 들려주신다. (*은광석을 제련할 때는 납 용액을 섞는다. 그러면 은 속의 불순물이 분리되어 납에 달라붙는데, 그때 순수한 은을 얻을 수 있다.) 하나님은 유다 백성을 은처럼 제련하고자 하셨으나 여의치 않았다는 뜻에서다. "그들은 모두 고집스런 반역자들이며 다니면서 비방이나 하고 놋처럼 뻔뻔스럽고 철처럼 억세며 하나같이 다 부패하였다. 풀무 불을 세게 하면 납이 녹아 없어지므로 제련하는 자의 수고가 헛되게 되는 것처럼 악한 자를 계속 연단하는 것도 소용없는 일이다. 나 여호와가 그들을 버렸으므로 사람들이 그들을 쓸모없는 은 찌꺼기라고 부를 것이다"(28~30절, 현대인의 성경).

은 찌꺼기에 불과해진 유다 백성을 보면서, 하나님도 예레미야도 얼마나 마음이 아팠을까.

개혁은 광야 길 같아서

결혼식에 신경 쓸 게 많다고 해도 결혼생활에 비할 수는 없을 것이다. 결혼식을 홍해 건너기에 비한다면, 결혼생활은 광야 길에 비할 수 있을 것 같다. 지속적인 온유와 경청, 헌신적 희생, 창의적 격려 등이 필요한 광야 길 말이다.

요시야의 개혁이 결혼식과 같은 것이었다면, 예레미야의 메시지는 결혼생활이란 광야에서 필요한 '지도' 같은 것이었다. 요시야는 혁명적인 노력으로 조부 므낫세(북이스라엘의 아합을 닮은 왕)의 그늘을 걷어 내고 주님과의 언약관계를 갱신한 위대한 개혁군주였다. 하지만 사랑의 언약을 지키며 주님과 동거하는 삶은 혁명적 개혁 행위 이상이어야 했다. 인내심을 품고 '새 길'을 열고자 하는 의지가 필요했다. 유다 백성은 요시야의 개혁은 경축하면서도, 삶의 가치를 아예 바꾸라는 예레미야의 설교(3절)는 부담스러워했다. 성전과 성전 예배만으로는 주님과의 결혼생활이 행복할 수 없다는 예언자의 경고(4, 11절)도 듣기 싫어했다. 그들은 오히려 예언자가 자신들을 공격한다고 여겼다. 결국 '새 길'은 십자가를 지고 주님을 따르는 골고다 길, 그 끝까지 가서야 열리는가 보다.

왜 늘 떠나기만 하느냐

유다 백성은 종종 자책도 하고 후회도 했다. 그러나 악행을 뉘우치고 돌아오지는 않았다. 왜 늘 떠나기만 하고 돌아오기를 거부하느냐는 주님의 탄식에도 아랑곳없이 "모두들 자기들의 그릇된 길로 갔다. 마치 전쟁터로 달려가는 군마들처럼 떠나갔다"(6절). 거짓된 것에 사로잡혀서, '괜찮다! 괜찮다!'만 되뇌었다(11절).

"깨닫지 못하는 사람은 멸망하는 짐승과 같다"고 했는데(시 49:20), 이들이 딱 그 짝이었다. 그래도 어쭙잖은 자존심은 있어서 "유배되느니 차라리 죽겠다"(3절)는 소리나 해댔으니, 남은 건 정말 멸망뿐이었다. 그마저도 철저한 파괴, 잔혹한 조롱과 함께일 것이다. "나 주의 말이다. 그때에는 사람들이 유다 왕들의 뼈와, 유다 지도자들의 뼈와, 제사장들의 뼈와, 예언자들의 뼈와, 예루살렘 주민의 뼈를, 그들의 무덤에서 꺼내다가, 그들이 좋아하고 노예처럼 섬기고 뒤쫓아 다니고, 뜻을 물어 보면서 찾아 다니고 숭배하던, 해와 달과 하늘의 모든 천체 앞에 뿌릴 것이다. …"(1~2절, 새번역).

주님께 돌아오는 것이 믿음이다. 우리가 구할 것도, 교회가 보여야 할 것도 그것이다.

자랑할 걸 자랑해야

허드슨 테일러의 일화로 전해지는 이야기다. 의사 출신의 중국 내지 선교사였던 그에게 누군가가 물었다. "주님이 선교사님을 놀랍게 사용하시기 때문에 때때로 교만의 유혹을 받으실 것 같은데요. 선교사님보다 더 큰 명예를 가진 이가 있을까요?" 허드슨 테일러는 이렇게 대답했다. "그와 정반대입니다. 저는 때때로 이런 생각을 합니다. 주님께서 마음대로 쓰실 수 있을 만큼 작고 약한 자를 찾으시다가 저를 발견하신 거라고 말입니다."

너무 작아서 하나님이 쓰지 못할 사람은 없다. 오히려 너무 크면 문제가 된다. 그러므로 지혜나 용맹이나 부함이 크다고 자랑하지 말자. 자랑하려면 다만 하나님을 안다는 것, 하나님의 뜻을 깨달았다는 것, 그래서 하나님과 동행한다는 것만 자랑하자. 하나님은 그런 사람과 함께하신다.

"자랑하는 자는 이것으로 자랑할지니 곧 명철하여 나를 아는 것과 나 여호와는 사랑과 정의와 공의를 땅에 행하는 자인 줄 깨닫는 것이라 나는 이 일을 기뻐하노라 여호와의 말씀이니라"(24절).

죽을까 두렵습니다

탐욕에 굴복한 사람들은 두려움에도 굴복하기 마련이다. 그들은 이기적 성공을 위해 온갖 우상을 만들어 기대거나, 액땜의 지름길을 찾아 이단사설을 좇기도 한다. 그런 시절을 살고 있던 유다 백성을 하나님은 간곡히 타이르셨다. "그것들은 논에 세운 허수아비와 같아서, 말을 하지 못한다. 걸어 다닐 수도 없으니, 늘 누가 메고 다녀야 한다. 그것들은 사람에게 재앙을 내릴 수도 없고, 복도 내릴 수가 없으니, 너희는 그것들을 두려워하지 말아라"(5절, 새번역). 이 말씀에 예언자는 이렇게 맞장구쳤다. "그들은 다 무지하고 어리석은 것이니 우상의 가르침은 나무뿐이라"(8절).

그러나 유다 백성은 정말로 두려운 일을 당하고서야 자신들의 무지와 교만을 깨달을 터였다. 주님의 말씀이다. "보라 내가 이 땅에 사는 자를 이번에는 내던질 것이라 그들을 괴롭게 하여 깨닫게 하리라"(18절). 예언자는 이번엔 엎디어 기도한다. "주님, 형벌로 주님의 백성을 채찍질하여 주시되, 주님의 진노대로 하지 마시고, 너그럽게 다스려 주십시오. 우리가 죽을까 두렵습니다"(24절, 새번역). 그렇지 않아도 주님의 넓은 자비 덕에 그들도 우리도 살고 있을 것이다.

원수를 갚아 주소서!

예레미야에게는 친구보다 적이 많았다. 적은 고향(아나돗)에도, 집안사람 중에도 있었다. 예레미야는 죽이겠다는 위협까지 받으면서 마음이 상했고, 두려웠으며 분노했다. 결국 하나님의 정의를 이루어 달라고 주님께 간절히 호소했다. "… 저의 억울한 사정을 주님께 아뢰었으니, 주님께서 제 원수를 그들에게 갚아 주십시오. 제가 그것을 보기를 원합니다"(20절, 새번역).

아무리 그래도 예언자의 입에서 이런 기도가 나오다니 싶으면서도, 주님의 정의가 실현되는 것을 눈으로 보는 게 예레미야에겐 중요했구나 싶기도 하다. 내세에서의 보상과 처벌에 관한 개념이 약하던 시대의 사람에겐 현세의 보상과 처벌이 분명할 필요가 있었다. 회개나 개혁을 실천할 동력을 거기서 얻을 수 있었기 때문이다. 예레미야의 호소에 주님도 그러겠다고 대답하셨다. 다만 그 '때'는 하나님이 결정하실 일이었다(23절). 어쨌든 주님은 우리의 현세에서도 보상과 처벌을 행하신다는 사실을 알았으니, 반갑고도 두려운 마음으로 힘을 내자.

벌써 지쳤다는 게냐?

"… 악한 자의 길이 형통하며 반역한 자가 다 평안함은 무슨 까닭이니이까"(1절).

예레미야는 지금 따지는 중이다. '주님께 따지는 예언자'는 생경하다. 그러나 그래서 더 '예레미야답다'. 이 구절을 포함해 '예레미야의 고백록'으로 불리는 다섯 대목이 있다. 12:1~6, 15:10~21, 17:14~18, 18:18~23, 20:7~18인데, 이는 예언자의 지극히 개인적인 감정, 곧 슬픔, 아픔, 억울함, 두려움, 분노, 저주 등이 고스란히 드러나는 하소연들이다.

예언자는 예언을 처리하는 기계가 아니다. 오히려 하나님의 뜻에 대한 감수성이 풍부하고, 백성의 죄악에도 민감하기 때문에 더 많은 상처를 입고 신음하는 약한 사람이다. 예언자가 상처 입은 채 던지는 질문도 흥미롭지만, 무심한 듯 대꾸하시는 하나님의 질문은 더욱 흥미롭다. "네가 사람과 달리기를 하다가 지쳐 버린다면, 어떻게 말과 달리기를 하겠느냐? …"(5절, 새번역)

이 말씀 한마디에 예언자는 일어설 힘을 얻지 않았을까. 때로는 많은 변명이나 설득보다 툭 던진 한마디가 더 큰 위로와 용기를 준다. 주님의 지혜가 즐겁다.

매일 먼지를 닦아 내듯

고무나무를 키운 적이 있다. 싱싱하던 나무가 어느 날 마치 낙담이라도 한 듯 축 늘어져 버렸다. 이유를 알 수가 없었다. 그런데 얼마 후에 보니 나무가 다시 싱싱하게 팔을 쭉 뻗고 있었다. 아내에게 영문을 물었더니 화초 관리에 대한 책을 읽고는 배운 대로 했다는 것이다. 아내는 잎에 쌓인 먼지가 빛의 생명력을 막기 때문에 규칙적으로 잎을 닦아 주어야 한다는 충고대로 했고, 그 결과는 '기대'를 넘어 '놀람'이 되었다.

우리 삶에도 무수히 많은 죄의 미립자들이 쌓여 있다. 분노, 날카로운 말, 불순한 생각, 이기적인 태도 등. 이것들은 나도 모르게 내 영적 생명력에 심각한 타격을 준다. 그대로 둔 죄, 곧 자복하지 않은 죄는 결국 나를 죽음으로 이끈다. 또한 하나님의 은혜의 빛을 가리기도 한다. 그러므로 쌓인 먼지 같은 죄악을 제거해야 한다.

썩은 허리띠, 가죽 부대와 포도주, 구스인의 피부와 표범의 반점 이야기들은 회개하고 생명의 은혜를 받으라고 촉구하시는 주님의 하소연이다. 이사할 때나 한 번씩 대청소하듯 그렇게 회개하지 말고, 마음 잎에 쌓인 먼지를 매일 닦아 내며 살자.

주님이 우시면

"예수님의 하늘나라를 사랑하는 이들은 많지만 십자가를 지는 사람은 드물다. 많은 사람이 위로를 원하지만 몇 안 되는 이들만이 고난을 소망할 뿐이다. 많은 사람이 예수님의 식탁에 함께 앉고자 하지만 몇 안 되는 이들만이 금식에 동참하려고 한다. 누구나가 그분과 함께 즐거움을 누리고자 하지만 그분을 위해 고난받으려는 사람은 그리 많지 않다. 많은 사람이 떡을 나눠주시는 한 그분을 따르려고 하지만 고통스러운 자기희생의 잔을 마시려고 머무는 사람은 몇 되지 않는다." _토마스 아 켐피스, 『그리스도를 본받아』, 브니엘, 2018

토마스 아 켐피스가 말한 그 소수에 예레미야는 분명히 있었으리라. 그는 회개를 미루던 백성에게 임박한 심판을 경고하다가도, 가뭄으로 신음하는 백성을 위해 기도한다. 십자가의 그리스도와 닮지 않았는가. 별 효과도 없고 멸시만 받는 그런 좁은 길을 예언자는 왜 가고자 했을까.

'하나님의 눈물'에서 답을 얻는다(17절). 주님이 우시면 예언자도 울었다. 주님이 십자가를 지고 가시면 제자들도 따랐다. 그게 제자고, 예언자다.

헛된 말을 버리고

예레미야의 두 번째 고백록이다(10~21절). 욥처럼 그도 태어난 날을 원망한다. "어머니께서 나를 온 세계에 다투는 자와 싸우는 자를 만날 자로 낳으셨도다"(10절). 주님께 충성하고자 힘을 다했으나 얻은 것은 핍박과 외로움뿐이다. "늘 너와 함께 있겠다" 하신 주님의 약속은 어떻게 되었는가. 예레미야는 주님께, "주님께서는 흐르다가도 마르고 마르다가도 흐르는 여름철의 시냇물처럼, 도무지 믿을 수 없는 분이 되셨습니다"(18절)라고 말한다.

아마도 이 기도는 예레미야가 예언하기를 그만두는 것을 심각하게 고민했다는 증거일 것이다. "네가 만일 돌아오면"(19절)이라는 주님의 말씀을 보면, 실제로 그는 예언하기를 한동안 중단했던 것도 같다. 결국 하나님은 예레미야의 소명을 새롭게 하신다. "네가 만일 헛된 것을 버리고 귀한 것을 말한다면"이란 조건을 달아서, "너는 나의 입이 될 것이다"라고 선언하신다(19절). 예언자가 버려야 했던 말은 원망과 불신의 말이 아니었을까.

우리도 오늘 시시한 말과 생각을 던져 버리자. 결국 순종할 길이라면 좀 더 폼 나게 가 보자.

다시 꿈꾸게 하소서

영화 〈파인딩 포레스터(Finding Forrester)〉는, 어떤 사건 때문에 은둔생활에 들어간 위대한 문필가 윌리엄 포레스터가 자말이라는 한 흑인 소년을 만나면서 닫아 버린 인생에 새 창을 내게 된다는 내용이다. 영화 속에서 포레스터는 세상을 떠나며 자말에게 글을 남긴다. "친애하는 자말, 한때 난 꿈꾸는 걸 포기했었다. 실패가 두렵고, 심지어 성공이 두려워서 그랬다. 네가 꿈을 버리지 않는 아이인 걸 알았을 때, 나 또한 다시 꿈을 꿀 수 있게 되었지. 계절은 변한다. 인생의 겨울에 와서야 삶을 알게 되었구나. 네가 없었다면 영영 몰랐을 거다."

불가능의 망상에 갇혀 꿈도 기대도 가질 수 없다는 것은 비극이다. 그런데 더욱 비극적인 건, 꿈과 희망을 잃는다는 것이 곧 하나님을 잃는 것임을 모른다는 것이고, 그래서 어리석게도 더 이상 주님께 나아오기를 포기해 버린다는 것이다. 어쩌면 희망할 줄 아는 공동체와 인생으로 다시 서는 것이 구원이지 않을까. 주님이 이스라엘을 심판하시는 뜻도 그것이다. 오직 주님을 힘과 요새와 피난처로 삼고(19절), 다시 꿈꾸는 민족이 되도록 치유하시는 것이다.

주님, 살려 주십시오

종종 두 갈래 길을 만난다. 선택은 자유지만 그에 대한 책임은 결코 가볍지 않은 경우가 많다.

"나 주에게서 마음을 멀리하고, 오히려 사람을 의지하며, 사람이 힘이 되어 주려니 하고 믿는 자는, 저주를 받을 것이다. 그는… 좋은 일이 오는 것을 볼 수 없을 것이다. 그러나 주님을 믿고 의지하는 사람은 복을 받을 것이다. 그는 물가에 심은 나무와 같아서… 잎이 언제나 푸르므로… 가뭄이 심해도, 걱정이 없다. 그 나무는 언제나 열매를 맺는다"(5~8절, 새번역).

대체로 사람들은 뒷부분과 같은 결과를 바란다. 그러나 "만물보다 더 거짓되고 아주 썩은 것은 사람의 마음"이어서(9절), 복된 결과를 내는 옳은 선택을 한다는 게 그리 쉽지 않다. 우리를 사랑하시는 주님께 마음을 치료받을 수 있다는 것이 그나마 희망이다. 그러니 예레미야처럼 기도하자. 주님께서 반드시 회복의 은혜를 베푸실 것을 믿고서.

"주님, 저를 고쳐 주십시오. 그러면 제가 나을 것입니다. 저를 살려 주십시오. 그러면 제가 살아날 것입니다. 주님은 제가 찬양할 분이십니다"(14절, 새번역).

너희가 내 손에 있다

피카소가 데생을 해 놓은 종이는 수백만 달러의 값어치가 된다고 한다. 거기 담긴 작가의 예술혼을 인정하기 때문일 것이다. 손바닥 크기의 종이에 세종대왕 그림을 새겨 놓으면 만 원의 가치가 되고, 신사임당을 그려 넣으면 오만 원짜리가 된다. 작은 종이 조각이지만 한국은행의 보증을 담고 있기 때문이다.

토기장이의 손에 들린 진흙 한 덩이처럼 한없이 나약한 존재가 사람이다. 그러나 그 진흙덩이를 사람으로 빚어 낸 토기장이가 바로 하나님이란 사실을 기억한다면 이야기는 달라진다. 하나님께 '생명'이란 은혜를 나눠 받은 사람만큼 고귀한 존재는 다시없기 때문이다. 그러니 이제 피조물일 뿐인 '나'를 내려놓고, '주님'의 은혜를 내세워 살자. 그래야 스스로를 소중히 여기며 살 수 있다. 여전히 '나'로만 살려는 사람은 종종 '참을 수 없는 하찮음'에 시달릴 수밖에 없다. "너희가 내 손에 있다"는 복음을 의지하고(6절), 가슴을 펴고 살자. 당신은 주님의 것이다.

때를 헤아리는 지혜

〈15분〉이라는 제목의 연극이 있다고 한다. 결혼을 앞둔 서른 살의 청년이 박사논문을 제출해 놓고 그만 병이 들어 의사로부터 15분 후면 죽는다는 선고를 받는다. 그는 불안에 떨며 몸부림한다. 그러는 중에도 남은 시간은 14, 13, 12분으로 줄어 간다. 그때 "편지요!" 하는 소리와 함께 한 통의 편지가 배달된다. 억만장자인 삼촌이 죽으면서 청년을 상속자로 지명했다는 소식이다. 그런데 시계는 계속 움직여서 그의 생명이 10, 9, 8분밖에 남지 않았음을 알린다. 이때 또 한 통의 편지가 배달된다. 박사 학위논문 통과 통지서였다. 생명은 6, 5, 4분으로 줄어가는데 편지가 또 온다. 부모님이 결혼을 승낙했다는 사랑하는 여인의 편지다. 그러나 시간은 멈추지 않고 3, 2, 1분이 지나면서 청년은 숨을 거둔다.

시간의 주인이신 하나님이 허락하지 않으시면 억만금의 상속도, 학위도, 결혼 승낙도 무의미하다. 우리의 삶은 토기장이 손에 달려 있다. 그러므로 우리에게 가장 중요하고 시급한 것은 토기장이이신 하나님의 뜻과 때를 헤아리는 지혜다.

나를 이기시는 주님

진나라의 재상 '여불위'는 '6험론'으로 사람을 판단했다. 6험론은 '즐거울 때 얼마나 빠져드는지', '기쁠 때 얼마나 자제하는지', '고통스러울 때 얼마나 참아 내는지', '슬플 때 얼마나 삭이는지', '두려울 때 얼마나 드러내는지', '화났을 때 얼마나 다스리는지'의 6가지 '사람됨의 기준'을 말한다. 이 기준으로 볼 때, 예레미야는 썩 훌륭해 보이지 않는다. 자신을 폭행한 제사장 바스훌의 이름을 "마골밋사빕"(사면초가)으로 부르며 저주하고, 주님께 '속았다'며 다시는 '주님'을 입에 올리지 않겠다는 다짐도 한다. 그뿐인가. 태어난 것을 원망하기도 한다. 예언자가 그래도 되나 싶다. 그런데 중요한 것은, 주님이 그런 예언자와 동행하셨다는 점이다. 가야 할 길과 원하는 길 사이에서 방황할 때나 언제까지 '폭력'을 고발하며 '파멸'을 외쳐야 하느냐고 불평할 때도, 주님은 그를 기다려 주셨다. 결국 예레미야는 "주님이 나보다 강하여 나를 이겼다"(7절)라고 탄식하며(또는 감사하며), 주님을 따랐다. 주님이 이기셨다는 것이 참 다행이 아닌가. 종종 주님께 대들망정 이길 생각은 말아야 한다. 주님이 이기신다는 것은 만고의 복음이다.

둘 다 살길이 없다면

바벨론의 재침공이 임박하자 유다의 마지막 왕 시드기야는 예레미야를 통해 주님께 '기적'을 간청했다. 그러나 예언자를 통해 주어진 답은 '선택하라'였다. "… 내가 너희 앞에 생명의 길과 죽음의 길을 둔다. 이 도성 안에 머물러 있는 사람은 전쟁이나 기근이나 염병으로 죽을 것이다. 그러나 지금 너희를 에워싸고 있는 바벨로니아 군대에게 나아가서 항복하는 사람은, 죽지 않을 것이다. 그 사람은 적어도 자신의 목숨만은 건질 것이다"(8~9절, 새번역).

'죽을 길'은 백성이 죽는 길이고, '살길'은 왕의 권위와 자존심이 죽어야 하는 길일 때, 당신이 왕이라면 어떤 선택을 했겠는가. 예전 목회지의 담임 목사님은 我生教會死 我死教會生(아생교회사 아사교회생)이란 글을 곁에 두고 사셨다. '내가 살길을 택하면 교회는 죽고, 내가 죽을 길을 택하면 교회는 산다'는 뜻이다. 범인(凡人)은 둘 다 살길을 찾는다는 명분으로 대개는 둘 다 죽을 길을 택하곤 한다. 반면, 영원한 살길이신 주님을 믿는 신인(信人)이라면 '내가 죽어 네가 사는 길'을 택하지 않겠는가. 부활이요 생명이신 주님도 그 길을 택하셨다.

리더십이 답이다

훌륭한 리더는 무엇보다도 구성원이 보유한 역량을 파악하고 이를 육성, 활용할 줄 아는 사람이다. 이는 중국 춘추전국시대에 천하를 놓고 대립하던 항우와 유방의 리더십을 비교해 봐도 알 수 있다. 항우는 자타가 공인하는 뛰어난 장수였으나 휘하의 장수를 발탁하고 활용하는 데는 서툴렀다. 반면, 유방은 능력 면에서 항우에 미치지 못했으나 장량, 소하, 한신과 같은 유능한 인재들을 발굴해 능란하게 활용했고, 이로써 천하를 통일할 수 있었다. 유방 자신도 천하를 통일한 후, "나는 전쟁을 수행하는 데 있어 장량, 소하, 한신만 못하지만, 그 대신 이들이 능력을 충분히 발휘하도록 배려했다. 바로 이것이 내가 천하를 얻은 까닭이다"라고 말했다.

리더십이 중요한 이유가 여기 있다. 여호아하스(살룸), 여호야김, 여호야긴(고니야) 등 왕들은 여럿이 있었지만 무너지는 유다 왕국을 버티고 세울 만한 리더십은 없었다. 예레미야 같은 위대한 예언자가 있었음에도 말이다. 결국 "다윗의 왕위에 앉아서 유다를 다스릴 자손"을 그들에게선 기대할 수 없게 되었다(30절). 그들의 왕국은 그렇게 망해 갔다.

은혜에 주린 세상에서

은혜를 갈망하는 인간의 모습을 잘 보여 주는 이야기가 하나 있다. 무대는 스페인이다. 한 아버지가 자신과 다툰 후에 가출해 큰 도시로 가 버린 아들과 화해하기로 다짐을 한다. 그리고 신문에 광고를 낸다. "파코, 화요일 정오에 몬타나 호텔에서 만나자. 다 용서했다. 아빠가." 아버지가 그날 그곳에 나갔을 때, '파코'라는 이름의 젊은 남자가 무려 800명이나 와서 저마다의 아버지를 기다리고 있었다. 파코는 스페인에서 흔한 이름 중 하나였던 것이다.

세상은 은혜에 굶주려 있다. 그래서 간음도 사랑이라고, 거짓된 꿈도 예언이라고 여기게 되었다(16~17절). 사악한 목자의 속임수를 진리로 아는 이들도 많다(25~27절). 그러나 간음의 끝은 허무이며, 거짓 예언의 끝은 심판과 재앙일 뿐이다(30~32절). 은혜에 목마를 수록 사람이 아니라 오직 하나님을 앙망해야 한다. 주님을 이용하는 것이 아니라 두려워하는 참예언자 신앙을 구해야 한다. 아니, 그런 예언자가 되어야 한다. 세상이 너무 수상쩍지 않은가.

하나님의 선택 기준

여호야긴 왕과 고관들, 기술자들이 바벨론으로 끌려간 후 예레미야가 환상을 또 하나 본다. 성전에 무화과 두 광주리가 있는데, 하나는 극상품이고 다른 하나는 못 먹을 것들뿐이었다. 하나님이 주신 해석은 이렇다. 극상품은 바벨론에 포로로 끌려간 이들의 앞날이고, 못 먹을 무화과는 예루살렘에 남아 있는 이들의 미래다.

이 구분의 이유와 기준이 무엇일까? 끌려간 이들은 어린 왕과 고관, 기술자들로 나중을 도모할 수 있을 만큼 쓸 만하고, 남은 이들은 시드기야와 친애굽 파인 데다 가난한 무리이니 미래를 도모하기에 쓸 만하지 못하다? 이렇게 해석하면 오해다. 하나님의 선택 기준이 사람의 조건에 있는 것이 되어 버린다. 만약 하나님의 선택이 이렇다면, 우리는 절망하거나 교만하게 될 것이고, 희망이니 겸손이니 회개니 하는 것과도 멀어지게 된다. 사실 끌려간 이들이나 남은 이들이나 하나님 앞에서는 도긴개긴이다.

하나님의 선택의 기준은 하나님께 있다. 우리 편에서 보면 이유를 찾을 수 없는 사랑이다. 그러니 은혜고, 그래서 감사하거나 회개할 뿐 이해도 설명도 어렵다.

이상한 귀빈, 괴이한 주인

길선주 장로는 '이상한 귀빈과 괴이한 주인'이라는 제목의 설교를 한 적이 있다. 내용은 이렇다. 우리를 찾아오신 주님은 '이상한 귀빈'이다. 존귀하신 분이 비천하고 누추한 땅에 오셨으니 이상하고, 귀중한 몸인데도 밖에서 오래 기다리시니 이상하며, 전능하신 분이 간절히 문을 두드리시니 이상하다. 그리고 이런 귀빈을 맞아드리지 않으니 '괴이한 주인'이다. 자애하신 귀빈을 환영하지 않으니 괴이하고, 간절한 음성을 듣지 않으니 괴이하며, 문을 열지 않으니 괴이하다. 이 설교를 하면서 길 장로는 간절하고도 준엄하게 외쳤다. "문을 열라 문을 열라 문을 열고 환영하라!" (* 길선주는 목사가 되기 전에 장로였다.)

예레미야를 비롯한 수많은 선지자들의 계속된 경고에도 불구하고 불순종한 유다는 정말 괴이한 주인과 같고, 그런 유다와 이스라엘을 향해 심판이든 회복이든 계속 선포하게 하시는 하나님은 정말 이상한 귀빈과도 같다. 결국 끝까지 마음을 열지 않았던 유다 백성은 바벨론에게 멸망을 당했다. 이후 70년 동안 포로요 난민으로 살 수밖에 없었다. 정말 이상하고 괴이한 이야기다.

큰, 진짜 왕이라면

"… 너희가 나를 순종하지 아니하며 내가 너희 앞에 둔 내 율법을 행하지 아니하며 내가 너희에게 나의 종 선지자들을 꾸준히 보내 그들의 말을 순종하라고 하였으나 너희는 순종하지 아니하였느니 내가 이 성전을 실로 같이 되게 하고 이 성을 세계 모든 민족의 저줏거리가 되게 하리라 하셨느니라"(4~6절).

누군가 광장에서 날마다 이렇게 외친다면, 그리고 당신은 왕이라면 어찌 하겠는가. 유다 왕 여호야김은 예언자들을 죽이고자 했다. 많은 제사장과 또 다른 예언자들이 왕을 편들었다(8절). 이에 저항하는 일반 민중과 몇몇 유력자가 있어서 예레미야는 살아남았지만, 기럇여아림의 우리야는 망명지 애굽에서 붙잡혀 와서 왕의 칼에 죽임을 당하고 말았다(23, 24절).

큰, 진짜 지도자의 덕목, 그 첫째는 무엇일까. 청종, 곧 '듣는 귀'를 꼽아야 할 것이다. 그러나 여호야김은 작은, 가짜 왕이었다. 그런 왕을 지지하는 이들이 상전 놀음을 하던 나라에서 의와 평화는 불온한 가치였고, 회개와 희망은 반역의 단어였다. 결국 허울뿐인 '평화의 성'과 '선민'은 그런 이유로 망할 수밖에 없었다.

변화 리더의 영성

변화의 때에 시대의 변화를 잘 읽고 긍정적인 방향을 가리키며 희생적인 자세로 앞장서서 가는 이들, 곧 훌륭한 리더십을 보이는 이들을 "변화 리더"라고 부른다. 피터 드러커가 그의 책에서 한 말이다. 변화에서 기회를 찾아내 의미 있는 결과로 창조해 내는 것이 어떻게 가능할까. 피터 드러커는, '변화를 관리할 수 없다'는 것을 인정하고, '다만 변화에 앞서 나가려고 하라'고 조언한다.

'바벨론에게 항복하라' 하시는 하나님의 권면도 어쩌면 변화에 앞서 나가라는 뜻이었을 것이다. 예레미야의 설교대로 심판이 유다 백성에게 정해진 가까운 미래였다면, 그들에게 필요한 것은 그 심판을 먼 미래를 위한 기회로 삼아 희망을 열매 맺는 리더십, 곧 '변화 리더의 영성'이 아니었을까. 심판과 고난의 때에는 다만 견뎌 낼 뿐 아니라, 역사의 주권자요 온 세상의 창조자이신 분의 눈으로 더 멀리 내다보며 희망의 담론을 만들어 내는 리더십이 필요하다. 그것이 변화 리더의 몫이다. 우리 시대의 믿는 자들에게 요구되는 것도 분명 '변화 리더의 영성'이리라.

진짜보다 진짜 같아서

영화 〈범죄의 재구성〉에는 이런 내용의 대사가 나온다. "사기란 테이블에 앉은 사람을 설득하는 과정이 아니라 그 사람을 테이블에 앉히기까지의 과정이다." 그렇다. 테이블에 앉는 순간, '게임 끝'이 되기 쉽다. 남녀노소와 유무식에 상관없이, 사기는 모든 부류의 사람을 다룰 수 있는 철저한 플랫폼을 갖추고 있기 때문이다.

하나냐를 보면 속임수의 심리학이 보인다. 우선 하나냐는 자신을 가짜라 여기지 않는다. 오히려 '애국자'란 신념마저 가진 듯하다. 게다가 "2년 안에 다 회복된다"는 그의 메시지는 사기꾼이 남을 낚을 때 건드리는 세 가지 감정(욕망, 신뢰, 불안)에도 부합했다. '거짓말은 속이는 사람과 속는 사람의 합작품'이란 말이 있는데, 가짜 선지자 하나냐는 그래서 진짜 선지자 예레미야보다 더 진짜 같아 보였다. 물론 하나님마저 속이지는 못했다. 그를 지면에서 영영 없애 버리 겠다는 하나님의 말씀대로, 하나냐는 "그해 칠월에 죽었다"(17절).

진짜보다 진짜 같은 가짜가 판을 치는 세상이다. 우리의 욕망과 불안이 가짜들의 속임수에 걸려 넘어지게 만드는 것은 아닐지.

기적은 없었지만

예루살렘은 함락됐으며 많은 유다인들은 포로가 되어 바벨론으로 끌려갔다. 그리고 2년 만에 돌아오는 기적은 일어나지 않았다. 그 대신 예레미야가 보낸 주님의 편지가 왔다. "너희는 집을 짓고 거기에 살며 텃밭을 만들고 그 열매를 먹으라 아내를 맞이하여 자녀를 낳으며 너희 아들이 아내를 맞이하며 너희 딸이 남편을 맞아 그들로 자녀를 낳게 하여 너희가 거기에서 번성하고 줄어들지 아니하게 하라 너희는 내가 사로잡혀 가게 한 그 성읍의 평안을 구하고 그를 위하여 여호와께 기도하라 이는 그 성읍이 평안함으로 너희도 평안할 것임이라"(5~7절).

이런 식의 믿음과 자세로 살면서 위기를 이겨 낸 이들이 요셉과 다니엘이다. 그들은 경험을 따라 미래를 속단하지 않고, 주님의 주권과 계획을 믿고 기도하며 희망했다. "여호와의 말씀이니라 너희를 향한 나의 생각을 내가 아나니 평안이요 재앙이 아니니라 너희에게 미래와 희망을 주는 것이니라"(11절). 당신과 나의 길도 재앙으로 설계되어 있지 않다. 따라서 주님의 자비와 공의를 믿는다면, 마음에 들지 않는 일상도 주님을 바라며 성실히 임해야 한다. 그것이 희망이다.

본향길 안내서

유진 피터슨은 사람들에게 "만일 당신이 파선을 당해 외딴 섬에 표류하게 되었을 때, 성경 외에 책 한 권은 가질 수 있다면 무슨 책을 택하겠는가?"라고 물었다. 그가 들은 최상의 대답은 어쩌면 당연하게도 "배 만들기에 대한 실제적인 안내서"라는 책 이름이었다.

예레미야가 읽었거나 쓴 책은 일종의 '배 만들기' 류의 책이다. 단지 종교생활을 위한 안내서나 신학적 사색의 결과물이 아니었다는 뜻이다. 오로지 생존에 관한 책, 곧 본향으로 돌아가는 것에 관한 책이었다. 그것들은 우리가 마땅히 있어야 할 곳인 주님의 나라에 도달하려면 어떻게 인생을 꾸려야 하는지를 보여 준다. 성경의 모든 책이 사실 그렇다. 그중 예레미야서는 무너진 이스라엘의 삶을 다시 건설하는 비전을 위해 쓰였다(2, 3절). 신명기가 므낫세 이후의 무너진 사회를 다시 건설하는 것을 목적했듯이 말이다.

오늘도 성경의 모든 책은 파산한 인생에게 구원의 소식을 알리고 구원의 길로 이끄는 일을 감당한다. 우리가 가야 할 본향이 다르지 않다면 우리의 '본향길 안내서'는 성경, 하나뿐이다.

흉터는 남겠지만

어릴 때 받은 심장 수술의 흉터로 우울해하는 딸에게 정신과 의사 김혜남이 했다는 말이 감동이 되었다. "그 흉터는 네가 큰 병을 이겨 냈다는 징표야."

어쩌면 큰 심판을 받았던 이스라엘을 해방시키면서 하나님이 그들에게 주실 말씀도 이와 비슷했으리라. "깨어서 그들을 뿌리 뽑으며 무너뜨리며 전복하며 멸망시키며 괴롭게 하던 것과 같이 내가 깨어서 그들을 세우며 심으리라"(28절). "내가 이스라엘 집과 맺을 언약은 이러하니 곧 내가 나의 법을 그들의 속에 두며 그들의 마음에 기록하여 나는 그들의 하나님이 되고 그들은 내 백성이 될 것이라"(33절).

지켜라 지켜라 해도 안 듣던 그 말씀이 그들 속에 있게 하겠다고 하신다. 말씀이 주위에서 맴돌기만 하는 것이 아니라, 그들의 비전이 되고, 기쁨이 되고, 인격이 되도록 하겠다는 말씀이다. 이는 위로와 희망을 넘어선 새 언약이다.

사랑과 자비의 징계로 흉터는 남겠지만, 그 흉터마저 어루만지며 애틋해하시는 아버지고 어머니인 하나님이 계신다. 그러니 그 흉터는 은혜의 징표가 아니겠는가.

땅을 사는 이유

시드기야 왕 때 바벨론은 또다시 예루살렘을 에워쌌다. 그때 예레미야는 궁중 시위대 뜰에 갇혀 있었다. 이기지 못할 싸움을 그만두라고 간하다가 왕에게 미움을 받았던 탓이다. 그런데 예레미야는 그런 처지에서 땅을 샀다. 사람들이 '에이 저 바보'라고 조롱할 만한 일이었다. 숙부의 아들 하나멜의 청이 있었지만, 사실은 하나님의 분부를 따른 행위였다(8, 9절). 예레미야 자신도 주님께 묻지 않을 수 없었다. "주님, 이 도성이 이미 바벨론 군대의 손에 들어가게 되었는데, 어찌하여 저더러 돈을 주고 밭을 사라고 하셨습니까?"

주님의 답은 이러했다. "너희는 지금 이 땅을 두고 '사람도 짐승도 없는 황무지고, 바벨론 군대의 손에 들어간 땅'이라고 말하지만, 바로 이 땅에서 사람들이 밭을 살 것이다"(43절).

심판이 구체적이듯 회복 약속의 성취도 구체적일 것이라는 답이었다. 그러니 희망도 구체적으로 가지라고 가르치신 것이다. 맞다. 믿음은, 희망하는 것들을 구체화하는 능력이다(히 11:1).

순수하고 정직한, 작은 이

기독교에서 '성자'로 불린 이들이 모두 다 대단한 업적을 남기거나 굉장한 성취를 이룬 것은 아니다. 다만 그들의 동기는 늘 순수하고 정직했다. 주님과 주변 사람들을 향한 맑은 사랑이 그들의 삶의 동기고 희생의 이유였다. 그래서 그들의 삶은 비현실적이고 때론 처연하기까지 했다. 예레미야의 삶이 딱 그랬다. 핍박을 받아 내일을 기약하기 힘든 지경에 처했으면서도, 그는 자신을 핍박한 백성을 위해 주님을 찾으며 그분의 음성을 듣기 위해 깨어 있었다(3절). 그것이 예언자의 도리라고 여겨서였을 것이다.

그의 예언은 달랐다. 많은 이들이 승리를 장담하며 싸움을 부추길 때는 처참한 멸망을 예고하며 말렸다. 그러나 모두가 어둠의 때라고 낙담하는 순간에 예레미야는 오히려 새로운 시작을 희망하자고 외쳤다. 그는 단지 정세를 분석하고 예측하는 자가 아니라, "일을 행하시는 주님"이 약속하신(2절) 치료와 평화와 안전과 죄 씻음 그리고 복을 희망하는 거룩한 상상가였던 것이다(6~9절). 이런 이가 성자가 아니라면 도대체 무엇인가. 요즘도 크고 위대한 누구보다, 순수하고 정직한 작은 이들 속에 성자는 있음직하다.

몸 따로, 마음 따로

배우 김혜자는 『꽃으로도 때리지 말라』에서, 낮에는 난민촌을 돌아보고 밤이면 호텔로 돌아와 따뜻한 물로 샤워를 하고 푹신한 침대에 누워 있는 자신이 참 위선적으로 느껴졌다고 고백한다. 그처럼 고통스럽게 사는 이들을 몰랐다는 게 죄스러워 울면서도, 여전히 푹신한 침대가 만족스런 '몸 따로, 마음 따로'인 자신이 싫었다고도 했다.

시드기야 때의 회개운동이 그랬다. 왕과 백성은 주님의 자비의 법을 실행하자는 언약을 맺고, 각자 종들에게 희년의 자유를 선포했다(8절). 위기의 때에 하나님의 구원을 바랐던 행동이다. 그러나 애굽의 지원군이 다가오고 바벨론이 한동안 물러가자, 그들은 종들에게 선포했던 자유를 물러 버렸다. 결국 선조들보다 더 사악하게 불순종을 저지른 꼴이 되었다. 이는 주님의 이름을 더럽힌 죄였고 (16절), 주님을 대적으로 삼아 칼과 전염병과 기근을 자초한 어이없는 범죄였다(17절). 결국 '깨달음 따로, 개혁 따로'인 신앙생활은 주님의 심판과 화를 부를 뿐이다. 우리도 무관심, 무책임의 죄를 세상의 악함이나 나의 약함으로 변명하지 말자. 그 또한 큰 죄다.

만 원짜리는 줍지 마라

다시 여호야김 때의 이야기다. 레갑 족속의 순종이 주목을 받으면서 유다 백성은 또 한 번 야단을 듣는 신세가 되고 말았다. "레갑의 아들 요나답의 자손은 그의 선조가 그들에게 명령한 그 명령을 지켜 행하나 이 백성은 내게 순종하지 아니하도다"(16절).

레갑 족속은 선조 요나답의 명령대로 유목민의 삶을 지켰고, 포도주를 마시지 않았다. 바벨론의 침공으로 어쩔 수 없이 예루살렘 성에 들어와 살고 있는 것이었다. 주님의 지시로 예레미야가 포도주를 권했지만, 그들은 선조 요나답의 명을 따라야 한다며 거절했다. '포도주'는 그들에게 '만 원의 유혹'에 불과했다. (* 야스다 요시오의 『만원짜리는 줍지마라』에 나온 표현)

'만 원짜리'를 줍는 사람의 시선은 땅을 향하기 마련이다. 그러면 봐야 할 것들을 제대로 볼 수 없고, 인생 여정의 방향도 비전도 꼬일 우려가 커지지 않겠는가. 유다 백성이 그렇게 되어 버렸다. 그들은 '만 원의 유혹'에 빠져서 선조도 아니고 무려 하늘 아버지인 분의 명령을 듣지 않았다. 결국 만 원짜리를 줍다가 큰 사고를 만난 사람처럼, 유다는 그렇게 재앙을 만나게 된 것이다.

얼음을 깨는 도끼

프란츠 카프카는 한 편지에서 이렇게 썼다. "우리가 읽는 책이 우리의 머리를 주먹으로 내리치듯 우리를 깨우지 않는다면, 도대체 왜 그 책을 읽는가? … 한 권의 책은 우리 안에 얼어붙은 바다를 깨뜨리는 도끼여야 한다." 예레미야의 삶에도 얼음도끼 역할을 한 책이 두 권 있었다. 하나는 그가 읽은 책이고, 다른 하나는 그가 쓴 책이다.

그런데 예레미야가 구술하고 바룩이 받아 적은 그 책을, 경박한 왕 여호야김은 태워 버렸다. 결국 깨진 십계명 돌 판의 경우처럼, 예레미야를 통해 전해졌던 말씀도 다시 기록되었다. 지금은 누구나 손쉽게 읽는 주님의 말씀이 이런 위기와 위험 속에서 기록되고 보존된 걸 생각하면 감사할 뿐이다. 이제 이 귀한 말씀이 우리의 언 머리와 가슴을 깨뜨리는 도끼로 작동하도록 기도하자. 그리고 이 말씀을 듣고 읽고 되새겨서 뱃속 깊은 곳에서 소화시켜 보자. 얼음도끼 같은 거룩한 말씀으로 각성하여 깨달은 영생의 복음이, 이 역사와 이 시대의 사람들을 가두고 있는 얼음을 깨뜨리도록 뜨겁게 외쳐 보자. "듣는 자는 살아나리라"(요 5:25) 하신 주님이 분명 역사하실 것이다.

111

들었으나 듣지 않는

'토크쇼의 전설'로 불리는 래리 킹이 강조한 위대한 연설가들의 원칙이 있다. "Keep It Simple, Stupid!"(단순하게!)다. 이를 축약해서 'KISS'라 한다. 훌륭한 연설가들은 연설을 할 때 진부한 표현, 과장된 문장, 전문용어, 유행어를 사용하지 않는단다. 그저 평이하고 단순한 표현으로 감동적인 연설을 한다는 것이다.

예레미야는 'KISS'에 부합했던 인물이다. 그러나 너무 쉽고 단순했기 때문일까. 왕과 그의 신하와 그 땅의 백성은 여호와께서 선지자 예레미야에게 하신 말씀을 듣지 않았다(2절). 그들은 주님의 말씀을 듣고 감동을 받기는커녕 오히려 화를 냈다. 선지자의 말과 의도를 왜곡하기도 했다(13절). 심지어 고관들은 예레미야를 때리고 가두었다(15절). 동서고금에 의로운 소리가 감옥에서 많이 기록된 까닭을 알 것도 같다. 그래도 왕 시드기야가 밤중에 몰래 예레미야를 불러 신탁에 대해 물었다는 것을 보면, 예언자의 외침이 아주 헛되진 않았다는 이야기다. 시드기야도 결국 듣지는 않았지만 말이다. 들었으나 듣지 않는 왕이라니, 어디 시드기야뿐이겠는가. 우리도 들었으면, 들어야 한다.

방향 전환의 용기

변화나 성장은 지금의 자리를 떠난다는 뜻이다. 그렇다고 뭔가를 꼭 포기한다는 것은 아니다. 다만 더 나은 방향으로 한 걸음을 내딛는 것이다. 직장이든 습관이든 버리고 떠난다는 것은, 어쩌면 꿈을 실현할 수 있는 쪽으로 가기 위한 방향 전환이다. 그러나 익숙했던 삶의 방향을 트는 것이 어디 만만한 일이겠는가. 이 일에는 용기가 필요하다. 버려야 채울 수 있고 떠나는 아픔이 있어야 돌아오는 기쁨도 있다는 걸 알면서도 행하는 사람은 드문 이유다.

시드기야도 '알았지만' 용기를 내지 못했다. 결국 그는 아무것도 버리지 못했고 꿈을 향해 나아가지도 못했다. 아이러니한 것은 진흙 구덩이에 갇혔던 예레미야는 확고하며 여유로운데, 왕의 옷을 갖춰 입은 시드기야는 한 자락 소문에도 걱정과 두려움에 떨었다는 점이다. 우리에게 담대함과 행복함을 주는 것은 살아가며 잠시 누리는 신분이나 지위가 아니다. 하나님의 말씀에 의지하여 언제든 떠날 수 있는 자유와 용기다. 천지는 변해도 주님과 말씀은 영원하다. 당신도 이미 그 영원을 향해 떠났기를 바란다.

철든 자로 살 수 있을까

양순자는 『인생 9단』에서 나이가 들어 좋은 점은 마음의 눈을 갖게 된 것이라고 말한다. 그러면서, 그것을 지혜, 분별력, 또는 철이 있다 없다 할 때의 그 철이라고 표현해도 좋다고 한다.

그 말로 보면, 시드기야는 아직 '애'였다. 지혜는 고사하고 줏대도 철도 없다. 주전파의 눈치를 보다가 하나님께 회개할 기회를 놓쳤고, 주도적으로 항복해서 가족과 백성을 살릴 기회도 놓쳤다. 결국 시드기야는 예루살렘의 무너짐을 막지 못한 비운의 왕으로 남았다. 그것도 모양 빠지게 달아나다가 잡혀서 아들들과 귀족들이 무참히 학살당하는 것을 보아야 했고, 자신의 눈마저 잃은 채 사슬에 매여 노예처럼 끌려갔다.

잘 믿고, 나이도 잘 먹어야 한다. 나이가 든다고 다 철드는 것이 아니기 때문이다. 욕심과 미련을 내려놓아야 철도 든다. 그 내려놓음의 지름길은 경외함으로 하나님을 붙잡는 것이다. 정말 믿으면, 그래서 주님을 사랑하고 두려워하면, 철든다. 어른의 지혜는 그때 주어진다.

리더십은 선물이다

바벨론으로 끌려가던 예레미야가 근위대장의 배려로 예루살렘에 남게 되었다. 무너진 성이나마 도성에 남은 이들이 총독 그다랴를 중심으로 추스를 기회를 얻게 된 때였다(5~6절). 바벨론이 세운 총독이었지만 그다랴는 개혁군주 요시야 때 서기관을 지낸 사반의 손자였다(왕하 22:3). 조부의 선한 영향력이었을까, 예레미야의 도움이었을까, 아니면 자신의 능력이었을까. 어쨌든 그다랴는 바벨론뿐 아니라 유다인에게도 신임을 얻었다. 도성을 떠나 피난을 갔던 이들도 돌아와 힘을 보탰다. 총독은 변방에 있던 호전적인 저항세력까지 설득해서 농장과 포도원으로 돌아가게 했고, 예루살렘의 함락으로 혼이 나갔던 백성을 독려해서 그해 농작물을 거둬들이게 했다. 공동체의 질서는 급속하게 회복되었고, 유다인은 평화와 회복에 대한 실낱같은 기대라도 할 수 있게 되었다. 하나님은 유다인들이 상처와 회한에만 붙잡혀 있기를 원치 않으셨던 것이다. 그들이 소망과 용기로 무장하고 버텨 주기를 원하셨다. 그다랴는 주님의 그런 뜻에 적합한 지도자였다. 세움 받은 형식이 어떻든 지도자의 리더십은 하나님의 선물이다.

혐오와 증오를 없애려면

예루살렘의 평화를 바라는 희망이 이제 겨우 움텄을 뿐인데 혐오
와 미움으로 무참히 밟히고 말았다. 참혹한 테러, 집단 학살, 종교전
쟁, 학살 같은 것들은 이렇게 해소하지 못한 혐오와 미움으로부터
시작된다. 왕가의 종친이던 이스마엘의 무리가 절기의 분주함을 틈
타 그다랴를 암살하고 말았다. 바벨론의 침공을 주의 심판이라고
말하는 예레미야는 이스마엘에게 궤변가였고, '바벨론이 세운 총
독'은 존재 자체가 치욕일 뿐이었다. 그가 이끄는 자칭 애국자인 살
인자들은 회개와 회복의 흐릿한 기운마저 죄다 걷어 냈다. 결국 자
신의 시대뿐 아니라 자신들마저 파괴해 버린 이스마엘의 행동은 화
풀이, 그 이상도 이하도 아닌 것이 되어 버렸다.

역사의 주권자이신 주님의 뜻에는 무지한 채, 자기 안에 혐오와
증오감을 키운 무리가 득세하거나 심지어 신앙의 이름으로 행동하
면, 이처럼 어이없고 비참한 역사는 언제든 되풀이된다. 나쁜 버릇
을 없애는 최선의 길은 나쁜 버릇과 싸우기보다 좋은 버릇을 키우
는 데 있다. 내 안에 혐오와 증오를 없애는 최선의 길 또한 성령의
감동을 따라 주님의 자비를 배우는 데 있다.

애굽은 '애굽'일 뿐이다

중국 근대문학의 개척자인 루쉰은 『고향』에서, 희망이란 본래 있다고도 할 수 없고 없다고도 할 수 없다고 말하며 희망을 '길'로 비유한다. "본래 땅 위에는 길이 없었다. 한 사람이 먼저 가고 걸어가는 사람이 많아지면 그것이 곧 길이 되는 것이다."

그러나 사람들은 희망의 길이 누군가의 도전으로 시작된다는 것을 애써 무시한다. 그저 많은 이들이 가는 길에서 희망을 찾고 싶어 한다. 유다인들이 애굽으로 향했던 이유도 그런 것이었다. 계속된 바벨론의 위협과 암살 세력들의 폭력으로 초래된 무정부 상태는 유다인들을 매우 불안하게 했다. 그렇지만 '애굽'이 하나님의 보호를 담보할 수 있었을까. 불가능했다. 애굽이란 우산은 이미 낡고 헐어서 유다의 피난처가 될 수 없었다. 다만 바벨론을 견제할 상대는 애굽밖에 없다는 정세적 편견을 지닌 이들이 여전히 애굽을 의지했을 뿐이다. 희망이 아닌 것에 희망을 거는 딱함이라니…. 어느 시대든 강대국이라고 주님을 대신할 수는 없다. 희망의 길은 오직 주님을 향할 때만 열린다. 그것이 십자가 길이어도 말이다.

살길이 아니라고 했건만

청년부 시절에 나를 지도해 주셨던 목사님은, '부름받아 나선 이 몸'을 찬양할 때면 말씀하셨다. "너희는 그 찬송을 부르는 데 거리낌이 없니? 나는 자신이 없어서 그 찬송 잘 못 부르겠더라."

하나님의 부르심에 순종하여 어디로 가거나 어디에 머무는 것은 실로 어려운 일이다. 특히나 그곳이 나의 안전을 보장하지 못할 것처럼 보인다면 더욱 그렇다. 요하난과 그 무리는 유다 땅에 머물러 살라는 주님의 말씀을 듣지 않았다. 그러고도 부끄러워하거나 탄식하지 않고 오히려 예언자를 거짓말쟁이로 모함했다(2~3절). 애굽은 살길이 아니라는 말을 듣지 않았던 오만한 이들은, 기어이 저들만의 '살길을 찾겠다'며 애굽으로 가 버렸다. 예레미야와 바룩까지 끌고서 말이다.

그 와중에도 예레미야는 끝까지 신탁의 말씀을 전한다. 바벨론이 와서 애굽 땅을 치고 죽일 자를 죽이고 사로잡는 자는 사로잡을 것이라는 내용이었다(11절). 한마디로 애굽은 구주도, 피난처도 아니고 심판의 대상일 뿐이라는 것이었다.

지름길 타령 대신

애굽으로 간 유다인들은 어떻게 살았을까. 그들이 끌고 간 예레미야의 예언을 보면 짐작이 된다. 그들은 다른 신들을 섬겼다. "주의 이름으로 무슨 말을 하든지 간에 예레미야의 말을 듣지 않겠다"고 말하며 "하늘 여신에게 제물을 바치겠다"고 작정한다(16~17절). 하늘 여신을 섬길 때는 양식이 풍족했다는 것이 이유다.

하늘 여신에게 제물을 살라 바친 것은 므낫세 왕 때였다. 그는 경제가 부강의 조건이라 여겼다. 그래서 우상숭배, 탐욕 동력을 장려했다. 지금 유다인들의 눈에는 므낫세 시대로 돌아가고, 애굽처럼 사는 것이 회복과 번영의 지름길로 보였던 것이다.

길을 잃은 시대일수록 옛길로 퇴행하는 경향이 있다. 고집과 탐욕 그리고 헛된 바람을 내려놓고, 주님의 인도하심에 인생과 나라의 길을 맡기는 것이 그렇게 어려웠을까. '산에서 길을 잃으면 골짜기를 헤매지 말고, 높은 곳으로 올라가라'는 말이 있다. 높은 데서 주님의 눈으로 길의 끝까지를 보고 나면, '지름길' 타령 대신 굽은 길도 노래하며 가려 하지 않을까. 유다인들은 그랬어야 했다. 우리도 정신 차리자. 지름길은 있기도 하고 없기도 한 길이다.

배움과 인내의 때

봉준호도 BTS도 하다못해 펭수도 무명 시절 이야기를 한다. 내로라하는 스타들 중에도 눈물겨운 무명 시절을 보낸 이들이 많다. 저들도 한때는 한낱 '무능한 가장'이었고, '내일이 없는 청춘'이었다는 이야기다. 그러나 그들이 한결같이 하는 말이 있지 않던가. "그 시절이 있어서 내가 있다"고. 무명 시절이 좋았다는 뜻은 아닐 것이다. 다만 외롭고 힘들었던 그 시절 거기서 복된 인생살이의 기초가 닦였다는 감사의 표현일 것이다.

바룩을 보라. 그는 오랫동안 예레미야의 서기관이었다. 그는 이름을 얻기 위한 큰일을 찾기보다 예레미야의 충실한 친구로서 영적 고통과 육체적 고난을 묵묵히 감내했다. 자기를 부인해야 하는 힘든 시절을 하나님의 신실한 약속과 사랑에 기대어 버텨 냈을 것이다. 주님은 그를 기억하셨고, 예레미야 36~45장의 신탁을 '바룩의 두루마리'로 부르게 하셨다.

지금 무명의 때를 살고 있다면, 낙심하지 말고 주님의 때를 기다려 봄이 어떨지. '내 몫의 십자가'가 있거든 그것을 지고 묵묵히 골고다를 올라 보자. 분명 주의 영이 도우실 것이다.

예언 여행의 가치

46~51장은 심판의 여행이다. 첫 여정은 애굽이다. 애굽은 늘 '크고 강한' 나라였지만, 주님이 심판의 도구로 삼으신 바벨론 앞에서는 무릎을 꿇을 수밖에 없었다. 아프리카의 용맹한 부족들을 용병으로 삼아 버텨도 보았지만 소용없는 짓이었다. 주님이 애굽보다 크셨기 때문이다.

우리를 애굽 여행길로 이끄신 주님의 뜻은 무엇일까. 하나님 주권의 엄위함과 겸손의 가치를 깨우치려 하심이 아닐까. 사실 어느 역사와 문화든 제대로만 여행한다면, 겸손한 사람이 되는 것이 마땅하다. 나의 동네에서 벗어나 내 역사와 남 역사, 내 나라와 남 나라의 삶을 견주고 살피고 나면, 나만 잘났다며 살 수는 없는 법이다. 그러므로 '겸손하기'를 배우는 데는 역사와 문화를 여행하는 것이 최고의 방법이다. 예언자의 안내로 세상과 인간사를 살피는 여행보다 더 좋은 배움의 길이 또 어디 있겠는가.

이 심판의 여행을 통해 우리가 가슴에 새겨야 할 교훈은 분명하다. 큰 나라, 강한 나라가 아닌 하늘나라를 바라며 살아야 한다는 것이다.

어리석은 세월이 남긴 것

"발티 사람과 한 잔의 차를 함께 마시면 당신은 이방인이다. 두 잔의 차를 함께 마시면 당신은 손님이다. 그리고 세 잔의 차를 함께 마시면 당신은 가족이다." 그레그 모텐슨의 책에 소개된 발티 지역의 말이다. '세 잔의 차', 그만큼 시간을 함께했다는 뜻도 되고, 서로 마음을 열었다는 뜻도 될 것이다. 그러다 보면 '한 가족'이 되어 꿈과 희망을 나눌 수도 있고, '당신을 위해서는 내 모든 걸 던질 수도 있다'는, 사랑 고백도 할 수 있지 않을까.

이스라엘과 블레셋(팔레스틴)의 사이만큼 복잡하고 다난한 관계가 또 있을까. '세 잔의 차'뿐 아니라 삼천 잔의 차를 함께 마셨다고 할 만큼의 역사를 가지고 있으면서도, 여전히 서로 으르렁거리는 것을 보면 둘 다 어지간하다는 생각이 든다. 어쨌든 옆구리를 들이받는 소처럼 사나웠던 이웃 블레셋도 결국 "슬픔과 수치로 머리를 삭발한 것" 같은 신세(5절)가 되고 말았다.

경쟁과 다툼으로 평화의 기회를 놓쳐 버린 어리석은 세월은 결국 두려움과 치욕, 그리고 통곡을 남길 뿐이다. 심판여행 둘째 날의 배움이다.

망함의 이유

예레미야는 환상 가운데 모압이 망하는 것을 보았다. 성읍들이 무너지고, 공들여 쌓았던 요새와 보물들은 아무짝에도 쓸모가 없어져버린다. 모압이 자랑했던 우상 그모스는 제사장, 고관들과 함께 질질 끌려가 버리고, 자부심이던 포도원은 황폐해지며, 날래고 용감했던 병사들은 수없이 죽임을 당한다. 예언자는 모압에 대해 그다지 좋은 감정이 아니었지만, 그들의 망함을 보면서 큰 충격 속에 탄식하며 조문한다(36~39절).

모압의 망함에 대해 하나님은 두 가지 이유를 대신다. 첫째, 교만이다(26, 29절). 교만의 본질은 만유의 주이신 분의 은혜를 모르는 것이다. 그래서 감사 대신 '다 내가 했다'고 여기며 거짓말을 한다. 둘째, 이웃과의 평화를 깨는 탐심과 조소다. 모압은 이스라엘이 곤경에 처했을 때, 마치 도둑질하다가 들킨 사람을 보듯 머리를 흔들며 조롱했다(27절).

이 두 가지 이유가 모압만의 것이라 장담할 수 있을까. 심판여행 셋째 날의 교훈을 각자의 언어로 가슴에 새겨 보자.

사랑이 심판보다 크다

오늘 여행할 나라들의 이름이 생소하다. 한때는 잘나갔지만 이미 오래전에 소멸되었기 때문일 것이다. 예레미야 때만 해도 이들은 '우리는 안전하다', '웬만한 적들의 공격쯤은 물리칠 수 있다'고 생각했다. 그러나 사실 주님의 돌보심, 또는 내버려두심으로 산 것이다. 개인이든 나라든 주님의 돌봄 없이 제힘만으로 번성할 수는 없는 법이다.

주님께 불순종하던 유다가 이미 진노의 술잔을 마셨는데, 암몬이나 에돔이 주님께 반항하면서도 안녕할 수 있었겠는가(12절). 예언대로 다메섹은 불타오르고, 아라비아의 유목민들은 달아날 것이며, 엘람은 쫓겨난 자가 남은 자보다 많게 될 것이었다. 그런데 심판을 예고하시는 중에도 주님은 "말일에 내가 [그들을] 돌아오게 하겠다"(6, 39절)는 은총을 약속하신다.

하나님의 관심이 이스라엘 외의 민족에겐 미치지 않을 것 같지만, 그렇지 않다. 주님은 그들을 아시고 사랑하신다. 지금도 마찬가지다. 성도도, 교회 밖 사람들도, 종종 쾌씸한 이웃나라 백성도 사랑하신다. 그래서 심판도 하시고 회복도 시키신다. 감사하게도 주님의 사랑은 심판보다 늘 크다. 이것이 심판여행 넷째 날의 배움이다.

민심은 곧 천심

심판의 칼로 쓰임받던 바벨론이 망하리란 예언이다. 생소한 이름들 몇 개를 정리하자. '벨'은 바알, 곧 주인(지배자)란 뜻으로 바벨론이 믿던 최고의 신인 마르둑의 별칭이 되기도 했다. 이 마르둑이 『므로닥』이다(2절). '므라다임'은 히브리말로 쓴맛, '브곳'은 처벌이다 (21절). 23절의 표현처럼, '세상의 망치'로 쓰임받던 바벨론이 스스로 하나님처럼 굴다가 쓴맛과 처벌을 받게 될 것을 풍자한 것이다.

명종 때 조식이란 학자는 당시의 정치가 하늘의 뜻과 어긋난다고 보았다. 그가 생각하는 하늘의 뜻은 백성의 마음이었다. 즉, 백성의 마음을 얻지 못하면, 다시 말해서 하늘의 뜻을 저버리면, 그 권력과 권세가 오래 갈 수 없다고 본 것이다. 조식이 남긴 '민암부'(民巖賦)에는 이런 사상이 분명히 나온다. '민암'(民巖)은 '백성은 나라를 엎을 수도 있는 존재'라는 뜻이다. 나는 이 이야기를 이덕일의 책 『시원하게 나를 죽여라』에서 읽었다.

지지 않는 해는 없다. 민심도 천심도 다 잃은 바벨론은 망해 마땅하다. 한때의 쓰임이 영생을 보장하는 것은 아니다. 누구든 끝까지 진실하고 겸손해야 한다. 심판여행 다섯째 날의 배움이다.

주님과 상관없는 힘이라면

바벨론은 하나님께 무관심하고 반항하는 인간 문명의 교만을 상징한다. 그들의 문명에는 대단한 성취와 강력한 힘과 풍요가 있었지만 꼭 있어야 할 것은 없었다. 바로 주님의 인정과 영광이다. 주님이 인정하지 않고, 주님의 영광도 드러내지 못한 바벨론의 모든 것은 심판을 받아 거꾸러졌다. 그토록 영구해 보였던 바벨론의 권세는 무너졌고, 그 문화는 황무해졌다.

주님과 상관없이 쌓아 올린 세상의 부귀공명은 결국 다 무너진다. 그것을 아는 것이 믿음이다. 오직 주님께 영광 돌리며 그분께 인정받는 길에서 돌아서지 않는 게 또한 믿음이듯이 말이다.

계시록의 요한은 큰 권세를 가지고 하늘에서 내려온 천사가 '바벨론'에 대해 외치는 소리를 들었다. "무너졌다. 무너졌다. 큰 도시 바벨론이 무너졌다. 바벨론은 귀신들의 거처가 되고, 온갖 더러운 영의 소굴이 되고, [더럽고 가증한 온갖 새들의 집이 되었구나!] 이는, 모든 민족이 그 도시의 음행에서 빚어진 분노의 포도주를 마시고, 세상의 왕들이 그 도시와 더불어 음행하고, 세상의 상인들이 그 도시의 사치 바람에 치부하였기 때문이다"(계 18:2~3, 새번역).

'심판'과 비슷한 말은?

심판의 군대 바벨론이 유다를 쳤다. 예루살렘 성은 무너졌고 큰 집들은 불타 버렸다. 마지막 왕 시드기야는 달아나다 잡혀서 눈을 뽑힌 채 끌려갔다. 그의 아들들은 사로잡힌 이들과 함께 처형당했다. 무너진 도성에는 가난한 이들만 남아 포도원을 관리했다. 그리고 "[투항한] 유다 백성은 포로가 되어서 그들의 땅에서 쫓겨났다. 느브갓네살은 그의 통치 제7년에 3,023명을 끌어갔다. 그의 통치 제18년에는 예루살렘에서 832명을 포로로 잡아갔다. 제23년에는 근위대장 느부사라단이 745명을 잡아 갔다. 잡혀 간 포로의 수는 모두 4,600명이다"(27~30절 정리).

예언자를 통해 선포되었던 심판은 이렇게 다 성취되었다. 그동안 온갖 핑계로 지켜지지 않았던 '땅의 안식'도 이루어졌다(대하 36:21). 그리고 역설적으로, 희망은 더욱 뚜렷해졌다. 심판 예언이 성취되었듯 회복 예언도 성취될 것이 분명해졌으니 말이다. 희망도 싹텄다. 8세에 끌려왔던 왕 여호야긴이 37년 만에 석방된 것이다. 주 안에서 '심판'과 '희망'은 비슷한 말이기도 하다.

참회란 무엇일까

아가는 예루살렘이란 도시의 '죽음'을 애도하는 다섯 편의 장송곡이다. 애가를 부른 이들은 무너진 도시, 예루살렘에 남은 자들로 짐작된다. 그들은 슬픔과 놀람으로 후회하며 하소연한다. 탄식하며 뉘우치기도 한다. "여호와여 보시옵소서 내가 환난을 당하여 나의 애를 다 태우고 나의 마음이 상하오니 나의 반역이 심히 큼이니이다 밖에서는 칼이 내 아들을 빼앗아 가고 집 안에서는 죽음 같은 것이 있나이다"(20절).

그런데 그 속에는 원망과 분노가 감추어져 있다. 솔직한 건지 아직 바닥은 아닌 건지, 이해도 되고 걱정도 된다. "그들이 내가 탄식하는 것을 들었으나 나를 위로하는 자가 없으며 나의 모든 원수들은 내가 재난 당하는 것을 듣고 주께서 이렇게 행하신 것을 기뻐하나이다 그러나 주께서 그 선포하신 날을 이르게 하셔서 그들이 나와 같이 되게 하소서"(21절).

참회란 무엇일까. 슬픔일까, 서러움이나 후회일까, 또는 절망과 원망일까, 이것들 다일까. 생각이 많아지는 아침이다. 쉬운 게 없지 싶으면서도 참회는 해야겠기에.

결핍도 복이 된다

주님의 진노와 심판을 경고하던 예언자였지만 막상 폐허가 된 도성 예루살렘을 보자 예레미야도 놀라고 당황해서 소리칠 수밖에 없었다. "아, 슬프다. 주님께서 어찌 이렇게 진노하셔서 도성 시온의 앞길을 캄캄하게 하셨는가. 어찌하여 이스라엘의 영광을 하늘에서 땅으로 던지셨는가. 진노하신 날에, 주님께서 성전조차도 기억하지 않으시다니!"(1절, 새번역) 그러나 주님의 진노는 단순한 화풀이가 아니었다. 심판의 이면에는 우리가 판단하기 어려운 주님의 사랑이 있었다. 그 사랑을 믿고 의지하는 게 치유와 구원을 향한 희망의 첫 걸음일 터였다.

원예사들이 모래판에 꺾꽂이를 하는 건, 영양소가 풍부한 땅에서는 식물의 자생력이 퇴화되지만 모래밭에서는 자생력이 살아나 부족한 영양소를 스스로 찾기 때문이란다. 역설적이지만, 확실한 결핍은 새롭고 바른 삶의 원동력이 될 수 있다. 그러니 아픔과 고통이 찾아오거든 차라리 한번 제대로 울고, 다시 또 기도하는 것이 좋다. 잊지 말자. 언제든 기도하는 자는 산다.

잠잠히 기다리는 자들의 아침

"나는 늘 말하였다. '주님은 내가 가진 모든 것, 주님은 나의 희망!' … 주님께서 구원하여 주시기를 참고 기다리는 것이 좋다. 젊은 시절에 이런 멍에를 짊어지는 것이 좋고, 짊어진 멍에가 무거울 때에는 잠자코 있는 것이 좋고, 어쩌면 희망이 있을지도 모르니 겸손하게 사는 것이 좋다"(24~29절, 새번역).

십 대 때부터 좋아한 말씀이다. 무엇 때문에 '젊은 시절에 멍에를 짊어진 것이 좋다'는 말씀에 꽂혔는지 기억은 희미해도 그 감동은 마음 한쪽에 분명하게 남아 있다. 늘 억압됐던 시대 상황과 분위기, 잠시 품었던 희망 그리고 좌절, 그래서 가고자 했던 길에 대한 회의와 아득함… 그런 게 젊은 날의 색깔이었다. 조급한 마음이 들거나 '졌다'고 소리치곤 절망으로 숨어들고픈 유혹이 생길 때마다, "주님의 구원을 바라며 잠잠히 기다림이 좋다"는 말씀이 닻처럼 나를 붙잡아 주었다. 그 무렵 새벽기도의 즐거움도 알게 된 것 같다. 그 감동을 대변한 말씀이 오랜 세월 내 마음에 자리하고 있다. "그 사랑, 그 자비 아침마다 새롭고 그 신실하심 그지없어라"(23절). 오늘도 희망하며 잠잠히 기다리는 자들의 아침을 축복한다.

서둘러 준비하자

갑자기 전깃불이 나가면 촛불이나 손전등을 준비한 사람만이 불을 밝힐 수 있다. 바라던 길이 열릴 때 바로 떠날 수 있는 사람은 이처럼 준비를 한 사람이다. 주님은 예레미야를 통해 유다 백성에게 거듭 권면하셨다. 멸망의 때에는 피할 길을 찾기보다 회개와 회복의 길을 떠날 준비를 해야 한다고 말이다. 그러나 유다는 "쓸데없는 도움을 바라다가 눈이 쇠약해지고 말았다"라며 불평만 늘어놓았다 (17절). 회개는 없이 행운만 바란 것이다. 결국 저들은 아무런 준비 없이 멸망의 때를 맞았고, 그저 후회와 두려움뿐인 수치와 고통의 길을 가게 되었다.

불확실한 변화의 때일수록 인생과 역사의 경영자가 하나님이심을 믿어야 한다. 고집, 과거의 자랑, 잘못된 습관들은 다 버려야 한다. 새롭게 경험할 미래가 두렵다고 주저하다가는, 원치 않는 물결에 휩쓸릴 수밖에 없다. 인생과 역사의 경영자 하나님을 믿는다면, 지금이라도 회개하고 서둘러 준비하자. 늦었다고 여길 때가 가장 빠르다는 말도 있지 않은가.

그렇게 살아내야 한다

누구든 살다 보면, 주님을 찾으며 애가(哀歌)를 부르게도 되고, 아버지를 부르며 목 놓아 우는 날도 만나게 된다. 그런데 그렇게라도 주님을 의지하다 보면, 애가가 변하여 희망가가 되는 기적도 찾아오지 않던가. 그러나 유다인들은 주님 앞에서 울지 않았다. "애굽 사람과 앗수르 사람과 악수하고 양식을 얻어 배불리고자" 그럴 새가 없었다(6절). '먹고살기 위해서' 정작 살길인 아버지 하나님을 멀리했다. 그저 죽을 길로만 꾸역꾸역 머리를 디밀었던 것이다.

예레미야로 하여금 탄식하며 울부짖게 하신 주님의 마음을 헤아리자. 어둡고 험했던 시절마다 산에 오르고 굴에 들어가 밤새 부르짖게 하신 주님의 뜻을 되새기자. 지금이 또 그런 때가 아닌가. 아프고 고단한 우리는 주님만을 향해 울어야 한다. "주께서 우리를 아주 버리셨사오며 우리에게 진노하심이 참으로 크시니이다"(22절). 예레미야는 그렇게 해서 살았다.

우리도 그렇게 살아내야 한다. 주님이 우리의 날을 다시 새롭게 해 주실 것이다(21절).

한 사람이 비전을 보았다

"서른째 해 넷째 달 초닷새에 내가 그발 강 가 사로잡힌 자 중에 있을 때에 하늘이 열리며 하나님의 모습이 내게 보이니"(1절).

한낱 난민이던 에스겔이 본 것은, 영으로 운행하는 네 생물의 보좌(병거)에 계신 주님이었다. 창조와 출애굽 이래로 주님의 '나타나심'의 표상이던 불과 물, 번개와 뇌성을 언급하며, 에스겔은 하나님의 영광을 증언한다. 설명보다는 묘사인 그의 증언을 요약하면, 하나, 하나님의 참된 처소는 창공 위에 있다. 그분은 모든 피조물 위에 좌정하신다. 둘, 하나님은 모든 피조물의 주님이다. 광물에서 인간에 이르기까지 지상만물은 주님의 영광을 드러내며, 모두 그분 아래에 있다. 셋, 주 하나님은 동적(動的)이며 살아계신다. 어디든 스스로 현존(現存)하시며, 어떤 식으로든 한 거처에 제한되지 않으신다. 그러므로 언제든 원하시면 성전을 떠나실 수도 있다. 넷, 주님은 아름다움과 생명이 충만한 힘 그 자체다. 이런 굉장한 환상 앞에서, 에스겔은 예언자로 부름받는다는 것을 짐작했으리라. 엎디어 주님의 음성을 기다리며(28절) 얼마나 떨리고, 얼마나 기대되었을까.

사람아, 일어서라!

  에스겔은 신학자이며 제사장이고 동시에 해박한 지식인이었다. 공동체의 역사에 정통했고(16장), 조선술을 알았으며(27장), 에덴, 노아, 욥, 다니엘 등의 주제도 전문가처럼 말할 수 있었다. 짧은 시 형식으로 신탁을 전하던 여느 예언자들과 달리 긴 산문 형식으로 하나님의 말씀을 전하는 학자나 작가다운 능력도 보여 준다. 예루살렘에서 제사장 교육을 받을 때는 한 세대를 앞섰던 예레미야의 설교를 들었을 테고, 그러면서 예언자의 소양을 키웠음 직도 하다.

  그러나 에스겔을 예언자로 일으켜 세운 힘은 이런 조건이 아니다. 열린 하늘 위에 거처를 두신 "사람 같은 모양"의 주님이었다(1:26). "사람아, 일어서라. 내가 너에게 할 말이 있다"(1절)고 하신 말씀과 주님의 영이 에스겔을 일으켜 세운 것이다(2절). 그냥 한 '사람'(벤아담)이 주님의 말씀을 듣고 자기 안에 강림하신 성령의 권능에 힘입어 참사람, 예언자로 일어선 것은, '반역의 무리'가 된 하나님의 백성을 깨우치기 위해서였다. 지금도 주님의 말씀을 듣고 성령의 권능에 힘입은 자는 그리스도의 증인이자 예언자로 살 수 있다. 정말이다.

금강석처럼 단단하게

"또 그가 내게 이르시되 인자야 너는 발견한 것을 먹으라 너는 이 두루마리를 먹고 가서 이스라엘 족속에게 말하라 하시기로"(1절).

예언자로 부름받은 에스겔이 두루마리 하나를 받아먹었다는 것은, 그의 예언자 직이 대체로 글과 말을 통해 수행되리라는 것을 짐작하게 한다. 그 맛이 그의 입에 "꿀같이 달았다"(3절)는 것은, 전해야 할 메시지가 모질고 쓰린 것일지라도 에스겔이 감당할 만했다는 뜻이 아닐까. 물론 에스겔이 수행하게 될 예언자 직이 만만한 과업은 아니라는 것은 주님도 아셨다. 그래서 이르셨으리라. "그러나 이스라엘 족속은 이마가 굳고 마음이 굳어 네 말을 듣고자 아니하리니 이는 내 말을 듣고자 아니함이니라"(7절).

이사야의 경우와 같이 에스겔에게도 사역의 효과보다 중요한 것은, 주님의 메시지를 전한다는 것 그 자체였다. 주님은 순종하는 예언자의 얼굴을 이마와 마음이 굳은 자들 못지않게 '금강석'처럼 단단하게 해 준다고 하신다(9절). 두려워하지 말라는 분부다. 아무렴, 우리 주님이 당신의 예언자를 세우실 때 그만한 준비도 없으시겠는가. 그러니 우리도 소명을 따라 섰거든 쫄지 말자!

아직 살 만하다고?

하나님은 종종 이스라엘 백성의 부(富)를 거두며 탄식하셨다. "그들이 먹여 준 대로 배가 불렀고 배가 부르니 그들의 마음이 교만하여 이로 말미암아 나를 잊었느니라"(호 13:6). 배가 불러 아쉬운 게 없는 이들은 허세와 교만의 유혹에 빠져 종종 하나님을 멀리하곤 한다. 보통은 거기서 멈추지 않고 하나님의 사랑과 은혜를 잊은 듯이 방종으로 치닫기 마련이다.

바벨론이 예루살렘을 에워쌀 것이고 유다는 기근과 배고픔에 허덕이게 될 것이란 경고는, 바로 그 허세와 교만 때문에 일어나고 말 일이었다. 에스겔이 주님의 분부를 따라 일련의 상징행위로 이를 분명히 경고했다. 그럼에도 예루살렘의 '반역의 무리'는 그 예언의 말씀대로 고스란히 겪고야 말았다. 양식은 떨어지고 땔감도 없어서 사람의 똥으로 구운 더러운 빵을 먹으며 겨우 연명하는 사태가 기어이 벌어졌다. 허세와 교만은 똥보다도 쓸데가 없었던 것이다.

우리는 어떤가. 아직은 살 만한가. 알아서 무릎 꿇음이 이토록 어려우니, 이 또한 허세고 교만일 테다. 다시 겸손해야 한다. 겸손만이 사는 길이다.

사랑, 그래서 질투

주님의 신탁이 에스겔에게 다시 임했다. "네 머리털과 수염을 깎아서 저울로 달아 나누어 두라 그 성읍을 에워싸는 날이 차거든 너는 터럭 삼분의 일은 성읍 안에서 불사르고 삼분의 일은 성읍 사방에서 칼로 치고 또 삼분의 일은 바람에 흩으라 내가 그 뒤를 따라 칼을 빼리라"(1~2절 요약). 이 상징행위가 전하는 것은 예루살렘이 함락되는 날에 그곳 거민들이 겪을 참혹상이다. 삼분의 일은 전염병에 걸려 죽거나 굶어 죽고, 또 삼분의 일은 성읍의 둘레에서 칼에 맞아 쓰러지며, 나머지 삼분의 일은 주님이 사방으로 흩어 버리고는 칼을 들고 그 뒤를 쫓겠다고 하신다(12절).

주님이 이렇게까지 하시는 이유는 무엇일까. '주님은 질투하신다'는 것을 이스라엘이 깨닫게 하시기 위함이었다(13절). 그러나 이토록 끔찍한 광경을 상상하게 하시는 하나님의 속마음은 '이제라도 좀 듣고 돌아서라'는 뜻이었을 것이다. 그때든 이때든, '사랑이신' 아버지 하나님이 때로는 '분노하며 질투하신다'는 것을 알아드리는 게 믿음이다. 그만큼 우리를 사랑하신다는 걸 깨닫고 돌아서는 것이 회심일 테고. 당신도 나도 주님이 좋은 말로 이르실 때 돌아서야 한다. 주님의 질투는 여전할 테니 말이다.

아버지의 사랑

하나님이 여러 가지 방법으로 이스라엘과 유다를 징계하신 것은 사랑 때문이다. 징계 중에도 주님이 진짜 원하신 것은 그들의 멸망이 아니라 회개와 구원이었다(8, 9절). 자녀가 어긋난 길로 갈 때, 부모라면 여러 방법으로 훈계하지 않겠는가. 혹 매를 들더라도 그 속엔 자녀를 향한 간절한 사랑이 스며 있지 않겠는가. 자녀에게 별 애정이 없는 부모라면 굳이 힘들게 매를 들 이유도 없을 테니 말이다.

문제는 자식인 유다였다. 그들은 매를 맞으면서도 아버지의 사랑을 잘 몰랐다. 아버지의 이름은 알았으나 높여 부르지 않았다. 그분의 자녀가 된 복을 자랑하지도 감사하지도 않았다. 아버지의 비전 같은 것은 알려 하지도 않았다. 호래자식이라고 욕먹어도 싸달 만큼 그렇게 굴었다.

아버지이신 하나님이 자녀에게 원하신 것은, 마지못해 가져오는 제물 같은 게 아니었다. 사랑과 관심이었다. "우리가 주님을 알자. 애써 주님을 알자"(호 6:3)던 선지자의 호소가 뜻하는 그런 것 말이다. 관심이 있으면 듣는다. 기억하고 순종도 한다. 그런 게 바로 사랑이다.

행실에 따라

"… 끝이 왔다. 이 땅의 사방 구석구석에 끝이 왔다"(2절, 새번역). 유다에 임할 심판에 요행은 없을 것이다. "매질할 몽둥이가 꽃을 피우고 교만을 꺾을 채찍이 싹터 나왔다"(10절, 새번역). '몽둥이'와 '채찍'인 바벨론의 느브갓네살이 '권력을 잡았다'는 뜻이다. 이제 유다에게 남은 것은 몽둥이질과 채찍질뿐이었다. 어떤 일이 벌어지게 될까. 밖에는 칼이 있고 안에는 전염병과 기근이 있을 것이다(15절). 은을 거리에 던지고 금을 오물같이 여길 것이다. 주님이 진노하시는 날에 은과 금이 그들을 건져 줄 수 없을 것이기 때문이다(19절). 이 모든 재앙은 유다의 "행실에 따라"(4, 9절) 쏟아질 것이다. 모든 게 유다의 거짓과 부정이 불러들인 징벌이다.

유다와 달리 우리의 행실은 복과 은혜를 부르게 될까. 바울은 "믿는 사람에게는 할례를 받거나 안 받거나 하는 것이 중요하지 않고 오직 사랑으로 표현되는 믿음만이 중요하다"라고 했다(갈 5:6). 우리의 믿음도 사랑의 행실로 드러나야 한다. 재앙이 아니라 복을 바란다면, 꼭 그래야 한다.

질투의 우상이라니

여루살렘 성전이 온통 우상숭배로 물들고 말았다. 에스겔이 환상으로 본 성전 안에는 하나님의 자리에 '질투의 우상'이 서 있었다. 사방 벽면에는 곤충과 짐승의 형상을 비롯하여 온갖 우상들이 그려져 있었고, 그것들 앞에 70인의 장로들이 서 있었다. 여인들은 앉아서 담무스 신을 위해 곡을 하고 있었다. 주님 앞에서 애통하며 참회해야 할 이들이 어찌하여 '다산의 우상'을 위해 눈물을 흘린단 말인가. 게다가 성전 뜰에서는 25인이 성전을 등지고 서서 동쪽 태양에게 절을 하고 있었다. 아마도 대제사장과 24인의 제사장들이었을 것이다. 유다를 지도한다던 어른들이 이 지경이었으니, 이러고도 어찌 주님의 분노를 피할 수 있었겠는가. "그러므로 나도 분노로 갚아 불쌍히 여기지 아니하며 긍휼을 베풀지도 아니하리니 그들이 큰 소리로 내 귀에 부르짖을지라도 내가 듣지 아니하리라"(18절).

우리 시대의 교회와 성도들, 특히 지도자들은 오직 주 하나님 앞에만 서 있을까. 주님만 바라며 예배하고 있을까. 오늘의 걱정이 공연한 기우가 되기를 바란다.

주님의 진노가 무섭다

에스겔의 환상 속에서, 주님은 마침내 분노를 터뜨리셨다. 죽음의 무기를 든 사자들이 북쪽 길에서 나타났다. 그들 중 서기관의 먹통을 가진 이가 모든 역겨운 일 때문에 슬퍼하고 신음하는 이들의 이마에 표를 그려 놓았다. 이어서 무기를 든 이들이 남녀노소를 가리지 않고 죽이는데, 이마에 표가 있는 이들만 제외시켰다. 성소에서 장로들을 죽이는 것으로 시작된 살육은 "불쌍히 여김도 없고 긍휼을 베풂도 없이" 진행되었다(5, 6절). 살육이 계속되는 동안 에스겔은 엎드려 부르짖었다. "주님, 이스라엘의 남은 자를 다 멸하실 겁니까?"(8절) 주님의 대답이다. "죄악이 심히 중하여 그 땅에 피가 가득하며 그 성읍에 불법이 찼나니 이는 그들이 이르기를 여호와께서 이 땅을 버리셨으며 여호와께서 보지 아니하신다 함이라 그러므로 내가 그들을 불쌍히 여기지 아니하며 긍휼을 베풀지 아니하고 그들의 행위대로 그들의 머리에 갚으리라"(9~10절).

주님의 진노가 참으로 무섭지 않은가. 신앙인이라면, 징벌을 부르는 인간의 탐욕과 불법을 보면서 탄식하며 울기라도 해야 한다. 예수님이 예루살렘을 보며 우셨던 것처럼 말이다. 나는 무엇 때문에 눈물을 흘리는지, 내 이마에 표는 있는지. 생각이 많아진다.

주의 영광이 떠난다면

에스겔이 또 환상을 본다. 하나님의 영광이 성전 문지방을 떠나, '그룹'들의 호위 속에 성전의 동문까지 이동했다. 성전에서 벌어지는 가증한 일들로 인해 떠날 채비를 마친 것이다.

주님의 영광이 떠난 성전도 과연 '성전'일까. 솔로몬이 성전을 지어 봉헌할 때 주님은 언제까지나 거기 있겠다고 약속하셨지만, 약속의 다른 한쪽은 유다의 믿음과 의의 순종으로 채워져야 했다. 임마누엘의 약속이 깨지더라도, 그것이 하나님의 책임일 수는 없는 것이다.

사사 삼손의 드라마틱한 삶을 생각해 보라. 주님은 그에게 특별한 은총을 약속하셨고, 그 약속대로 그는 대단한 능력을 발휘하며 살았다. 그에게는 어떤 대적도 없어 보였다. 그런데 이 특별한 약속의 다른 한 면은 특별한 부름이었다. 삼손은 어려서부터 '나실인'으로 살도록 부름받았다. 머리를 깎지 않는 것은 순종의 상징이었다. 그러나 여색에 빠진 삼손은 이 약속을 저버렸고, 그런 그에게서 주님의 영광은 떠났다. 남은 것은 수치와 후회뿐이었다.

'성령의 성전'이란 약속을 받은 우리도 경성해야 한다. 주님의 영광 안에 머무르려면 말이다.

한마음과 새 영을

이스라엘은 회복될 것이다. 하나님의 은혜로, 그리고 하나님의 계획대로 그리될 것이다. "내가 그들에게 한마음을 주고 그 속에 새 영을 주며 그 몸에서 돌 같은 마음을 제거하고 살처럼 부드러운 마음을 주어 내 율례를 따르며 내 규례를 지켜 행하게 하리니 그들은 내 백성이 되고 나는 그들의 하나님이 되리라"(19~20절).

그러나 당장은 아니다. 아무리 선민일지라도 불신앙과 불순종에 빠진 채로 하나님의 백성이라고 할 수는 없기 때문이다. 주님은 그들을 수술하실 것이다. 죄악의 구렁텅이에서 빠져나올 수 있도록 새 마음과 새 영을 그들 속에 넣어 주실 것이다. 그래서 하나님께 영광을 돌리는 복된 백성이 되도록 재창조하실 것이다. 주님이 그렇게 계획하셨으니, 반드시 그 일을 이루실 것이다.

주님은 오늘도 우리의 하나님인 것을 기뻐하신다. 그래서 망가진 우리를 고치시고 새롭게 만들고 싶어 하신다. 하나님은 그렇게, 그만큼 우리를 사랑하신다.

듣지 않아서

하나님이 사람의 얼굴을 지금처럼 만드신 섭리는 무엇일까. 입은 하나고 귀와 눈은 두 개인 이유를 헤아리는 의미로 종종 듣는 말이 있다. 보거나 듣기를 말하기보다 두 배로 하라는 것이다. 주님은 특히 "듣는 자가 복되다" "들을 귀 있는 자는 들으라" 하시며, 듣는 일을 강조하셨다. 인간이 얼마나 듣지 않으면 그리 말씀하셨을까 싶다. 어쨌든 주님께서 이스라엘에게 진노하시는 이유는 명백하다. 듣지 않아서다.

"… 들을 귀가 있어도 듣지 아니하나니 그들은 반역하는 족속임이라"(2절).

우리는 어떤가. 들리는 소리도 많고 듣는 방법도 다양한데, 옛 사람들보다 더 잘 살게 되었을까. 사람마다 달리 느끼겠지만, 난 그렇지도 않은 것 같다. 다시 창조의 섭리를 헤아리자. 무엇보다도 사람으로 온전하려면, 주님의 세미한 음성을 들으며 살아야 한다. 어느 날의 엘리야처럼.

몇 조각 빵 때문에

하나님은 허탄한 소리를 지껄이는 예언자들을 책망하신다. "자기 마음대로 예언하는 자에게 말하기를 … 본 것이 없이 자기 심령을 따라 예언하는 어리석은 선지자에게 화가 있을진저"(2~3절). "너희가 허탄한 것을 말하며 거짓된 것을 보았은즉 내가 너희를 치리라"(8절).

부적 장사나 하는 거짓 예언자들도 책망하신다. "사람의 영혼을 사냥하려고 손목마다 부적을 꿰어 매고 키가 큰 자나 작은 자의 머리를 위하여 수건을 만드는 여자들에게 화 있을진저…"(18절).

그들은 "몇 줌의 보리와 몇 조각의 빵 때문에"(19절) 주님의 백성을 속였다. 하나님의 이름으로 자기 생각을 말하고 거짓 점을 쳐서 잇속을 채웠다. 그런 자들에게 임할 심판은 반드시 있다. 멀지도 않다. 하나님은 우리가 써먹을 수 있는 '무엇'이 아니다. 영원히 예배하며 섬겨야 할 우리 아버지시며 만왕의 왕이시며 만군의 주님이시다. 그 앞에서는 겸손하고 진실해야 한다.

질투하시는 주님

"내가 적군과 기근과 맹수와 염병, 이렇게 네 가지 재앙으로 예루살렘을 벌하여 죄다 없앨 때, 거기 노아, 다니엘, 욥이 있을지라도 자신들이나 겨우 살아남을까, 자녀들조차 건질 수 없을 것이다." 12~21절의 요약이다. 이렇게까지 말씀하시는 주님은, 질투하시는 거다. 창조주가 피조물을 상대로 질투하다니 놀라운가. 없애고 다시 만들고 말지 싶은가. 그러나 주님이 생명을 주시고 선택하시고 소유하신 백성을 그만큼도 사랑하시지 않는다면, 그게 더 이상하지 않은가.

당신은 목숨처럼 사랑하는 이가 아무것도 아닌 것에 욕심을 부리며 그것으로 당신의 사랑을 대신하겠다면, 그런데 그 끝이 명백한 패가망신이라면 어쩌겠는가. 그냥 '그러던지…' 하겠는가, 아니면 주님처럼 "너는 우상을 떠나 돌아오라. 네가 섬기는 온갖 역겨운 것들에게서 얼굴을 돌려라"(6절) 하며 엄하고 간곡하게 타이르겠는가. 질투와 화로 울부짖지나 않을지 모를 일이다.

주님을 질투하시는 분으로 만들어 괴롭히지 말자. 사랑하는 이를 괴롭히는 것은 사랑이 아니다. 주님의 사랑에 감사하고, 주님의 질투를 두려워하며 살자. 그것이 복이다.

무슨 쓸모가 있겠느냐

시편 80편에 보면 이스라엘은 스스로를 "하나님이 애굽에서 가져다가 가나안 땅에 옮겨 심으신 좋은 포도나무"라고 알고 있었다. 15장은 그런 인식과 자부심이 공연한 거라고 답하시는 것 같이 들린다. "인자야 포도나무가 모든 나무보다 나은 것이 무엇이랴 …그 나무를 가지고 무엇을 제조할 수 있겠느냐 그것으로 무슨 그릇을 걸 못을 만들 수 있겠느냐 불에 던질 땔감이 될 뿐이라 불이 그 두 끝을 사르고 그 가운데도 태웠으면 제조에 무슨 소용이 있겠느냐 그것이 온전할 때에도 아무 제조에 합당하지 아니하였거든 하물며 불에 살라지고 탄 후에 어찌 제조에 합당하겠느냐"(2~5절).

그렇다. 예수님도 말씀하신 것처럼, 포도나무는 열매를 맺을 때나 쓸모가 있다. 열매 맺지 못하는 가지는 불에 던져질 뿐이다(요 15:6). 주님을 배신한 유다 백성은 아무짝에도 쓸데가 없게 되었다. 마치 그을린 포도나무 가지 같은 신세가 되어 버린 것이다. 그들도 열매를 바라기는 했을 것이다. 다만 나무에 붙어 있어야 하는 가지의 본분을 잊은 것이 문제였다. 그건 분명 '배신'이며 그 결과는 늘 허무고 죽음인데, 그것을 간과한 것도 문제였다. 우리도 잊지 말자. 주님은 여전히 포도나무고 우리는 가지일 뿐이다(요 15:5).

배은망덕

핏덩이로 버려진 예루살렘을 거두시며, 주님은 "핏덩이라도 제발 살아만 달라"고 하셨다(6절). 예루살렘이 아름다운 여인의 꼴을 갖출 때까지 양육하며 보호하시다가, 주님은 그 예루살렘을 신부로 맞아 주셨다. 각종 패물과 장식들로 화려하게 가꿔 주시고 왕관까지 씌워 주셨다. 그러나 예루살렘은 자신의 미모와 화려함을 이용하는 음녀가 되고 말았다(15절). 바람난 어미를 보고 자란 딸이 오히려 한 술 더 뜨듯이 예루살렘은 헷 사람들이나 소돔보다도, 그리고 사마리아보다도 더 타락한 음녀가 되고 말았다. 게다가 오히려 값을 치러 가며 바람을 피웠다.

주님은 그래서, 다시는 음행의 값을 치르지 못하도록 예루살렘을 무너뜨리고 불태우겠다고 다짐하신다. 그런데 그 다짐에도 은혜는 있었다. 주님은 맞바람을 피우는 여느 마초와 같지 않아서, 그런 심판이 앙갚음은 아닌 것이었다. 오히려 관계를 복원하여 새롭게 하려는 징계였던 것이다. 예루살렘이 진즉에 이 은혜를 깨달았다면 얼마나 좋았을까.

남 얘기나 옛날 일만으로 여기지 말자. 우리도 주님께 잘하자. 공연히 바람 들지 말고.

미련한 포도나무

에스겔이 전하는 비유 신탁, '포도나무와 독수리'는 유다의 망국에 관한 우화인 셈이다. 바벨론의 느브갓네살(3절, '화려하고 날개 큰 독수리')이 유다 왕 여호야긴을 잡아가면서 그 자리에 그의 삼촌 시드기야('포도나무')를 세웠다. 그런데 시드기야는 바벨론을 속여 가며 애굽의 바로(7절, '털 많은 다른 독수리')와 동맹을 추진했다. 이는 실책일 뿐 아니라, 유다가 바벨론을 통해 연단되기를 바라신 주님의 뜻과도 배치되는 시도였다. 주님은 바벨론의 편을 드신 것이 아니다. 단지 유다에게 새로운 기회를 주고자 하신 것이다. 그러나 시드기야는 제한적인 왕권이 답답했던 걸까. 바벨론의 꼭두각시라는 열등감에서 벗어나고자 했던 걸까. 진짜 의도가 무엇이었든, 시드기야는 세계와 역사의 주권자이신 분의 뜻을 헤아리지 못하고 우물쭈물했던 왕으로 남고 말았다. 미래는 멸망이 아니라 회복이라고 거듭거듭 일러 주셨는데도, 죽어라고 듣지 않았던 탓이다. 좀 진중히 들었더라면, 주님이 "푸른 나무는 시들게 하고 마른 나무는 무성하게 하는 줄을" 알게 되었을 텐데 말이다(24절). 믿음은 들음에서 나는 법이다.

죽지 말고 살아라!

고난과 고통의 수렁에 빠진 이들의 마음은 죄책과 후회와 절망으로 흐르기 쉽다. 그러나 죽음이나 절망보다 강력한 사랑을 알고 또 믿는 사람은 다르다. 오히려 그 아픔을 딛고 회개와 회복에 이르는 은총을 경험한다. 강력한 사랑의 주님이 이스라엘에게 주고자 하신 것도 그런 은총이었다. 그래서 예배하는 자리를 잃고 난민이 되어 살더라도 율법의 정신인 사랑과 공의로 살면 반드시 구원할 테니, 열심을 내라고 이르신다(5~9절). 그러나 방심하지는 말라고 하신다. 부모가 율법 정신대로 살았어도, 그게 자식에게 '부모 찬스'가 되는 것은 아니기 때문이다(10~13절). 그렇다고 포기하지도 말라 하신다. 부모가 개차반이었어도 자식이 율법정신을 따라 산다면, 그는 반드시 구원받을 것이기 때문이다(14~18절). 물론 이 경우에도 '자식 찬스'는 없다.

어쨌든 영원하신 아버지, 강력한 사랑의 하나님은 오늘도 기대하신다. 고통을 딛고 일어선 자녀들이 다시 사랑하며 희망하며 옳게 사는 것을 말이다. "죽을 죄를 지은 사람이라도, 그가 죽는 것을 나는 절대로 기뻐하지 않는다. 그러므로 너희는 회개하고 살아라. 나 주 하나님의 말이다"(32절, 새번역).

'애가' 말고 '축가'를

열방 가운데 축복의 상징이던 유다가 이제는 조소와 수치의 상징이 되어 버렸다. 주님은 에스겔에게 유다와 고관들을 위한 애가를 지어 부르라 하신다. 그래서 부르게 된 애가 속에서 유다 왕가는 암사자로, 왕들은 새끼 사자로 비유된다. "자라서 왕이 된 젊은 사자들은 사람을 삼키며 땅을 황폐하게 하더니, 주변나라 사냥꾼들에 의해 다 사로잡힌 채 끌려가고 말았구나!"(9절까지)

변주곡같이 애가가 하나 더 있다(10절부터). "포도나무(유다 왕들)는 뽑힘을 당해 광야로 옮겨 심겨졌고, 포도나무 한 가지에서 시작된 불이 웬만한 가지를 다 태우고 말았구나!"

한때 번성했지만 백성의 피눈물 서린 애도(哀悼) 속에 끝나 버린 왕조나 나라가 얼마나 많은가. 우리가 그리되지 않기를 간절히 바랄 뿐이다. 애가의 주인공인 '이스라엘'도 처음엔 사자와 포도나무로 비유된 축복노래의 주인공이었다(창 49장 참고). 우리가 그런 축복의 노래를 오래도록 부르려면 이 시대의 리더십은 어찌해야 하고, 당신과 나는 또 무엇을 해야 할까. 아무튼 "부르고 또 부를"(14절) 축복송을 남기는, 온전하고 긴 평화의 시대를 고대한다.

'배신의 역사'를 끝내자

제법 긴 분량의 '이스라엘 배신사(史)'를 읽으면서 그다지 낯설지 않은 것은 왜일까. 우리를 주님의 백성으로 삼으시며, 기꺼이 우리 하나님이 되어 주신 여호와를 주님이자 왕으로 높여 예배하지 않은 불순종의 경험이 비슷하기 때문이 아닐까. '배신의 역사'를 읽으며 안타까웠던 것은, 주님의 이름을 더럽힌 존재가 바로 주님이 선택하고 구별하신 백성이란 사실이다. 하나님이 자신의 이름을 더럽히지 않으려고 애쓰셨기에 저들은 진즉에 사라짐을 면했을 뿐이다. "… 너희의 악한 길과 타락한 행실에 따라, 그대로 너희에게 갚았어야 했지만, 내 이름에 욕이 될까봐 그렇게 하지 못하였으니, 그때에야 비로소 너희는, 내가 주인 줄 알게 될 것이다. 나 주 하나님의 말이다"(44절, 새번역).

주님의 계획은, 당신의 백성이 심판과 연단을 받고 다시 거룩하게 서는 일이었다(33절). 그러므로 이스라엘이 신속히 구원받고 회복될 길은 명백했다. 진심으로 회개하고 '배신사'를 '순종사'로 고쳐 쓰면 될 일이었다. 이는 주의 백성으로 살고자 하는 모든 이에게 해당되는 이야기다.

거짓 희망을 버려라

떠나온 고국 이스라엘을 향해, "주님의 칼에 악인도 의인도 다 끊어지고 말리라"고 외쳐야 하는 예언자의 심정은 어땠을까(3절). 주님의 명령이 아니어도 "허리가 끊어지듯 탄식"할 수밖에 없지 않았을까(6절). 그런데 에스겔과 함께 잡혀 온 유다인들은 "왜 탄식하느냐"고 묻는다. 참 무심한 자들이다.

유다 땅에 남아 있던 다른 예언자들은 아직도 희망을 선포하고 있었으니, 포로로 잡혀 온 이들에게 에스겔의 상징행위는 과해 보였을 수도 있다. 유다의 예언자들은 '하나님의 성전'이 자리하고 있는 한 예루살렘은 결코 멸망하지 않으리라는 '이데올로기'를 맹신했다. 그러나 그 예언에 정작 하나님은 철저히 소외되셨고, 신탁이라며 전하는 말들은 모두 자신들의 이데올로기에 근거한 헛된 바람일 뿐이었다.

하나님의 말씀이 없는데도 외치는 희망은 차라리 망상이라고 하는 게 맞지 않을까. 듣고 싶은 말만 좇다 보면 이렇게 거짓 희망을 붙들고 살 수밖에 없다.

인과응보인가

오늘 말씀에 어울리는 사자성어가 있다. 인과응보(因果應報)다. 하나님은 마치 검사가 된 듯 피고인 유다의 죄를 낱낱이 고발하신 다. 이스라엘을 하나님의 나라와 백성으로 선택하신 뜻은 분명했 다. 그들이 주님의 말씀에 순종하여 서로 사랑하는 복된 공동체를 이루고, 이로써 하나님께 영광을 돌리는 것이었다. 그러나 이스라 엘은 하나님의 말씀을 듣지 않았고, 이웃과 더불어 사랑하며 살지 도 않았다. 오히려 그들은 탐욕의 우상을 숭배하느라 약한 자를 욕 보이며 고리대금에 살인까지, 온갖 악을 행하는 데 주저함이 없었 다. 권력을 쥔 자는 가난한 자의 적은 것마저 빼앗으려 했고, 예언자 와 제사장들마저 이를 비판하기보다 무자비와 '갑질'로 동조했다. 주의 선민이라던 백성들도 다르지 않아, "폭력을 휘두르고 강탈을 일삼았고 가난하고 못 사는 사람들을 압제하며 나그네를 부당하게 학대해서" 여호와를 분노케 했다. 거기다가 "무너진 성을 다시 쌓으 며 여호와의 진노를 막아설 자"는 아무도 없었다(29~30절). 결국 주 님의 격노의 용광로는 입을 벌렸고(22절), 인과응보처럼 멸망은 찾 아오고야 말았다.

오홀라와 오홀리바

엄마의 사랑 안에서 남부러울 것 없이 자란 자매가 있었다. 그런데 큰딸 오홀라는 사춘기를 겪으면서 엇나가고 말았다. 윤리적으로도 성적으로도 점점 타락해 가는 딸을 붙잡고 엄마는 눈물로 호소했지만 소용이 없었다. 이제 엄마는 작은딸 오호리바를 보호하는데 온 정성을 쏟았다. 하지만 어느 날 작은딸에 대해서도 좋지 않은 소문이 들려왔다. 큰딸처럼 방황한다는 내용이었다. 헛소문이길 바랐지만 소문은 다 사실이었다. 청천벽력이었다. 엄마는 절망과 싸우며 작은딸을 혼내기도 하고 달래기도 했다. 그러나 어떤 노력도 소용이 없었다. 오히려 작은딸은 큰딸보다 방황이 더 심해서 '음녀'라고 일컬어질 지경이었다. 그러다 결국 벌을 받은 것일까. 정을 준 사내들에게 모든 것을 빼앗기고 매까지 맞고, 두 딸은 버림을 받았다. 그러고 나서야 그녀들은 엄마의 사랑과 타이름을 그리워하며 후회했다.

이 슬픈 우화 속의 오홀라는 북이스라엘이고, 오홀리바는 남유다다. 그녀들이 정을 준 불한당은 애굽과 앗수르와 바벨론이다. 엄마가 누군지는 알 것이다. 그분은 우리의 엄마이기도 하니까.

울지도 못하는 날

에스겔이 포로가 되어 바벨론으로 끌려온 지도 구 년 열 달이 지났다(BC. 589년경). 그로부터 이 년 후에는 예루살렘이 바벨론에 의해 아주 무너지게 될 것이었다. 서른 살 즈음 부름받았던 에스겔도 어느덧 나이가 들었다. 그동안 에스겔은 사랑하는 아내가 죽는 불행을 겪었지만, "아내를 위해 눈물 흘리지 말라"는 주님의 분부에 마음껏 슬퍼하지도 못했다. 때로는 울지 않는 게 우는 것보다 훨씬 더 어렵다는 것을, 경험해 본 사람은 안다. 에스겔의 예언적 '상징행위'를 알고 있던 백성들은 그에게 울지 않는 이유를 물었다. "네 행동이 우리와 무슨 상관이 있는지 우리에게 말해 주지 않겠느냐?" 이에 대한 주님의 메시지는 전하기에도 두려운 말이었다. "곧 멸망이 올 것이다. 너희가 권세와 자랑으로 여기던 성전이 무너질 것이고 거기 있던 너희 자녀들은 칼에 죽을 것이다. 그때 너희는 초상집을 차리지도 못할 것이고 울지도 못할 것이다. 다만 죄로 망하는 줄 알기에 서로 마주보며 탄식할 뿐일 것이다"(21~23절 요약).

놀라고 기막혀 울지도 못하는 그런 날이, 이 땅에 다시는 오지 않아야 할 텐데.

사람이라면, 사람이기에

얼음을 녹이는 건 차가운 물이 아니라 뜨거운 물이다. 뜨거운 물은 얼음을 녹일 뿐 아니라 우리 몸의 뭉친 곳도 풀어내고, 추위에 얼어붙은 기계도 녹인다. 뜨거운 차 한 잔은 긴장된 마음과 어색한 관계를 부드럽게 해 주기도 한다. 같은 이유로 이웃한 민족이나 공동체 간에도 '뜨거운 물'은 필요하다. 주님은 우리가 이웃을 위해 뜨거운 물과 같은 수고를 할 때면 축복하시지만, '얼음물'같은 심보로 고약한 짓을 할라치면 반드시 심판하신다. 오늘 말씀이 그 증거다. 이스라엘이 무너질 때, 손뼉 치며 즐거워한 암몬, 멸시하고 비웃은 모압, 형제가 연약한 틈에 보복한 에돔, 앙심을 품고 아예 진멸되기를 기원한 블레셋들은 모두 다 심판을 피하지 못했다.

지금까지 세계 곳곳에서 벌어진 인종과 종교, 성차별에 따른 살인과 학살을 주님은 기억하시리라. 이런 만행을 야기하는 혐오와 독선, '얼음물' 끼얹는 악행들도 보셨으리라. 제 식구의 안녕을 우선 위하는 것이 인지상정(人之常情)이라면, 고난에 처한 이들을 위한 따뜻한 차 한 잔도 분명 인지상정이다. 하나님의 형상을 아주 내버린 인간이 아니라면 말이다.

그런 게 자유다

두로에 대한 고발이다. 두로는 전통적으로 유다 왕국과 우호적인 관계를 유지했다. 다윗 시대 이후로는 이스라엘과 친구처럼 지냈다고 해도 과언이 아니다. 하지만 몰락한 유다를 향한 두로의 변심은 매몰찼다. 교역 경쟁국이 하나 사라졌다고 웃기까지 했다(2절).

부유하고 강력한 상업도시이자 왕국이었던 두로는, 해안 앞에 놓인 섬 위에 건설되어 있어서 쉽게 공략을 당할 상대가 아니었다. 그러나 하나님은 그런 두로가 예루살렘이 무너지듯 멸망할 것이라 선고하신다(3~4절). 두로가 한 짓은 친구이자 경쟁자였던 유다뿐 아니라, 이들을 친구로 엮어 주신 하나님께마저 상처를 입히는 일이었다.

간혹 사람으로 산다는 게 창피하다 싶은 일들이 벌어지는 것이 세상이다. 그러니 믿노라 했던 이에게 뜻밖의 상처를 받는다 해도 너무 억울해하지는 말자. 좋았던 시절을 후회하거나 자책할 필요도 없다. 그냥 이게 세상이거니 하는 게 좋다. 그리고 주님이 아신다는 사실을 기억하자. 내가 보복하지 않아도 그분이 처리하실 것이다. '변심한 두로' 따위는 차라리 불쌍히 여기고 용서하는 것도 좋다. 그런 게 '자유'라는 거다.

너는 아무것도 아니다

두로는 무역으로 성공한 항구이자 성읍 국가였다. 지중해의 섬들과 건너편 아프리카와 스페인, 그리고 수리아와 아라비아 내륙 전역의 상품과 화물이 이 항구를 통해 오갔다. 경제적으로는 근동과 지중해 인근에서 유일무이한 권좌를 누리기도 했다. 아무튼 영토가 작은 것 말고는 다 가지고 있었다. 그러던 두로가 이제는 "아무것도 아닌 게" 되어 버렸다(36절). 마치 온갖 무역품과 값진 재물을 가득 싣고 항해를 나섰다가, 깊은 바다에서 동풍에 휩쓸려 파선한 배처럼 되어 버린 것이다. 그 많던 무역품도 선원들도 배와 함께 다 가라앉고 말았다(26, 27, 34절).

두로가 그리되지 않기 위해 할 수 있는 일은 없었을까. 선지자 요나의 외침을 듣고 왕부터 짐승까지 티끌을 뒤집어썼던 니느웨처럼 할 수 있지 않았을까. 그랬다면 역사를 섭리하시는 분의 뜻을 헤아려 거센 동풍 바벨론에게 항복하든 다 바치든 하고 살길을 찾았을지도 모를 일이다. 그러나 두로는 그러지 않았다. '내가 가진 것과 이룬 것이 이렇게 많은데' 하는 자만 때문이었을 것이다(28:2). '교만은 패망의 선봉이고 거만한 마음은 넘어짐의 앞잡이'란 잠언은, 만고의 진리다(잠 16:18).

159

거룩함의 문턱, 구별함

거룩함은 구별함이다. 그렇지만 구별함이 곧 거룩함은 아니다. 비유하자면, 구별함은 정결한 사용을 위해 그릇을 깨끗하게 씻어서 따로 두는 것이고, 이 그릇에 고귀한 내용물을 가득 채워 그릇의 가치를 확정하는 것이 거룩함이다. 즉, 구별함은 거룩함을 위해 꼭 필요하지만, 그 자체로 거룩함은 아닌 것이다. 오히려 구별함은 거룩함을 향한 복이자 시험의 문턱인 셈이다. 그리고 안타깝게도 이 문턱에서 넘어지는 이들이 많다.

두로 왕도 그랬다. 그는 지혜와 부(富)로 구별된 그릇이었지만, 그 안에 자신을 신으로 여기는 교만을 채웠다(4, 5절). 그가 들어야 했던 주님의 말씀이다. "네가 사람들의 손에 찔려 죽을 것이다. 너는 사람이요 신이 아니다"(9절, 새번역). 또 다른 무역항 시돈도 거룩함의 시험을 통과하지 못했다. 그 성읍도 규탄의 예언을 들어야 했다. "… 시돈아, 내가 너를 치겠다. 내가 네 가운데서 내 영광을 드러내겠다. 내가 너를 심판하고, 내가 거룩함을 네 가운데서 나타낼 때에야 비로소 사람들이 내가 주인 줄 알 것이다"(22절, 새번역). '무엇으로 구별되느냐'보다 중요한 것은 '무엇을 채우느냐'다. 아무쪼록 잊지 말자.

그저 갈대 지팡이

하나님은 애굽의 신전과 우상들을 무너뜨리겠다고 말씀하신다. 그렇게 해서 주님의 심판 도구가 되어 준 바벨론에게 보상으로 주시겠다는 것이다(18절). 사십 년은 다시 일어나지 못할 거라고도 하신다(12절).

세상에 존재하는 모든 것은 이처럼 영원하지 않다. '역사성의 한계'를 지녔다. 시작이 있으면 끝도 있다. 융성했던 것들은 또한 쇠퇴하는 법이다. 사람이나 세력이 다 그렇다. 나라나 종교도 그 위력이 수천 년을 이어 간 것이 없다. 지금, 하늘을 찌를 듯 보이는 그 어느 것도 결코 하늘을 찌르지 못할 것이다.

그러니 그 옛날 애굽도 "갈대 지팡이" 정도가 제 운명이었다(6절). 그런 지팡이를 의지했던 이스라엘 족속은 부러진 갈대에 어깨가 찢기면서 휘청거릴 수밖에 없었다(7절).

언젠간 부러질 지팡이에 속지 말자. 의지할 대상은 오직 한 분, 영원하신 주 하나님뿐이다.

약할 때나 강할 때나

이스라엘 백성의 경험으로 볼 때, 애굽은 분명 크고 두려운 존재였다. 하지만 그런 애굽도 심판하는 분이 하나님이시다. 스스로의 힘을 믿고 교만하던 애굽에게 선포된 하나님의 심판 메시지는 애굽에게도 경고였지만, 무엇보다 애굽에 의존하던 유다인들에게 분명한 경고였다.

하나님이 온 우주의 주권자라고 믿는다면, 그리고 그분은 우리 하나님이고 우리는 그분의 백성임을 믿는다면, 눈에 보이는 힘을 마냥 두려워하거나 숭배할 수는 없는 일이다. 오히려 눈에 보이지 않지만 늘 함께하시는 임마누엘 하나님만을 의지하고 바라며 사는 것이 마땅하다. 이렇게 하나님의 백성이 하나님을 직접 의지하는 방식이 바로 기도다. 하나님의 백성이란 곧 하나님께 기도하는 사람들이다.

하나님의 백성답게 살자. 우리가 이스라엘처럼 연약하다고 느껴질 때뿐 아니라, 애굽처럼 강하다고 느껴질 때에도 우리는 모든 힘의 원천이신 하나님께 기도하며 나아가야 한다.

은혜에 따르는 것

"너의 위엄찬 모습을 누구와 비할 수 있겠느냐?"(2절, 새번역) 여기서 '너'는 애굽의 바로와 그의 무리다. 그들의 '위엄찬 모습'은 한때 레바논의 백향목 같다던 앗수르에나 비할 수 있을까, 견줄 만한 대상이 세상에는 없었다. 심지어 "하나님의 동산에 있는 백향목들도 너에 비하면 아무것도 아니다"(8절) 했으니 더 찾을 필요도 없다. 애굽이 받은 은혜가 그만큼 컸다는 뜻이다(9절). 그러나 "에덴의 나무들이 모두 부러워했던" 그 멋진 나무를 이제 주님은 넘어뜨리려 하신다. 자신의 키와 멋짐에 취해 교만해진 나무에게, 저지른 악에 맞는 마땅한 벌을 내리시려는 것이다(10, 11절).

봄이 되면 제주도에서는 귤 밭 둘레에 높이 자란 삼나무들이 잘려 나간다. 한때는 거센 바람을 막는 유용한 나무였지만 이제는 햇빛을 가려 감귤의 당도를 떨어뜨리는 주범이 되었기 때문이다. 삼나무로서는 억울할지 모르나 너무 빨리 너무 높게 커 버린 게 화근이 된 것이다. 한 공동체나 개인에게 주어진 힘과 미(美)에도 은혜와 함께 소명이 담겨 있다. 그러므로 소명을 상실한 힘과 미는 꺾이기 마련이다. 그만큼 은혜는 귀하지만 무겁기도 한 것이다.

굳이 그 길로 가려고

망고스틴은 부드러운 식감에 새콤달콤한 맛으로 많은 사람이 좋아하는 열대과일이다. 언젠가 선교지에서 한 자루의 망고스틴을 샀다가 몹시 실망한 적이 있다. 입맛을 다시며 두꺼운 보라색 껍질을 벗겨냈는데 개미들이 득실거려 먹을 수가 없었다. 공연히 화를 내며 버려 버렸다. 애굽과 바로를 향한 주님의 실망이 그랬다고 하면 억지스러운 걸까. 어쨌든 하나님은 애굽에게 '만방의 사자'를 기대하셨지만, 애굽의 실상은 온 강을 더럽히기만 하는 '큰 악어'였다(2절). 주님의 실망만큼이나 그 늙은 악어에게 선고된 심판이 가볍지 않았다.

"… 내가 많은 백성의 무리를 거느리고 내 그물을 네 위에 치고 그 그물로 너를 끌어오리로다 내가 너를 뭍에 버리며 들에 던져 공중의 새들이 네 위에 앉게 할 것임이여 온 땅의 짐승이 너를 먹어 배부르게 하리로다"(3~4절).

결국 애굽도, 제대로 장사도 못 지낸 채 스올에 던져진 앗수르와 엘람 등의 전철을 밟고 말았다. 애굽만이 아니었다. 이후에도 바벨론, 바사, 헬라, 로마… 모두 주님께 실망을 안긴 채 그 길을 따랐다. 좋은 길도 아닌데 요즘도 그리로 가는 나라와 무리들이 있다.

각자 새롭게, 또한 의롭게

코로나19 사태를 겪으면서 환기의 중요성이 새삼 강조되었다. 환기는 하루 세 번 이상, 한 번에 삼십 분 이상 하는 것이 좋고, 낮에 하는 게 좋다고 한다. 밤에는 대기오염이 더 높아지기 때문이란다. 그런데 이에 못지않게 중요한 환기가 또 있다. 우리의 믿음생활과 주님이 택하신 공동체의 건강을 위해 영적 대기를 새롭게 바꾸는 일이다.

33장부터 에스겔은 이런 사명을 수행한다. 바로 '파수꾼'의 사명이다(7절). 이제 예루살렘 멸망은 이루어졌다. 끌려온 유다인들은 더 이상 다가올 심판을 두려워하지 않아도 좋게 되었다. 그 대신 생명과 회복을 바라며 주님과 함께 나아가야 했다. '사람마다 새롭게, 날마다 의롭게' 사는 길로 말이다(12절). 이를 위해 주님은 말씀을 듣는 자세부터 달리하라고 말씀하신다. 우선 예언의 말씀을 들을 때, "가서, 주께서 무슨 말씀을 하시는지 들어나 보자" 하거나(30절), "사랑 노래나 부르는 가수쯤으로" 생각하지 말라 하신다(32절). 입으로는 '아멘'을 외치면서 속으로는 손익을 따지지도 말라 하신다(31절). 무엇보다 주님의 말씀은 반드시 이루어진다는 것을 믿고 잘 들으라 하신다. 우리도 새로운 예언의 말씀을 잘 들어 보자.

내가 직접 먹이리라!

이스라엘과 유다의 목자(왕)들은 삯꾼이었다. 그들은 하나님의 양떼를 먹이지 않고, 자기만 먹였다. 이제 주님은, "내가 그 삯꾼들을 대적하여 그들에게 맡겼던 내 양떼를 되찾아 오고, 다시는 그들이 내 양을 치지 못하게 하겠다"고 다짐하신다(10절). "내가 직접 내 양떼를 먹이고, 직접 내 양떼를 눕게 하겠다. 헤매는 것은 찾아오고, 길 잃은 것은 도로 데려오며, 다리가 부러지고 상한 것은 싸매 주며, 약한 것은 튼튼하게 해 주겠다"고도 하신다(15~16절). 이런 주님의 '목양'의 토대는 궁휼과 공의다. "살진 것들과 힘센 것들은 멸하겠다. 내가 그것들을 공평하게 먹이겠다"(16절)는, 착하고 의로운 목양의 다짐에서 드러나듯이 말이다.

어떻게 하면 주님을 따라 착한 목회, 착한 선교를 이룰 수 있을까. 목사 안수를 받을 때 어느 권사님이 주셨던 권면을 기억한다. "가난한 자를 가까이하면 가난한 자도 따르고 부자도 따르지만, 부자를 가까이하면 가난한 자도 멀어지고 부자도 멸시합니다." 그렇다. 우리 모두 '삶의 한 자락이라도 그분을 담기 원하는' 착한 소원으로 살아 보자. 착한 교회를 꿈꾸며.

여호와의 산으로

오늘도 역사는 흐른다. 때때로 반전을 일으키면서 말이다. '이스라엘의 산'은 심판과 붕괴를 겪었지만, 그로 인해 정화와 구원의 길이 열리는 경험을 하게 될 것이다. 이스라엘의 고통을 보며 고소해한 '세일산과 에돔'은 그로 인해 하나님의 심판을 경험하게 될 것이다. 결국 역사 속에서 우리가 겪는 심판이나 구원은 반전도 없이 고착되어 버리는 숙명이 아니며, 회개의 기회가 허락되지 않는 영구적인 선고도 아니라는 이야기다.

누가복음 15장의 '탕자'는 아버지에게 심각한 죄를 범했으나 줄곧 기다려 준 아버지의 자비로 치유와 회복을 경험했다. 반면 '탕자의 형'은 아버지 곁에서 충성하는 복을 받았지만, 그것을 아버지의 자비로 이해하지 못하고 자신의 공로나 업적으로 이해하여 서운함의 화를 자초하고 말았다.

오늘의 화가 내일의 복이 되거나, 오늘의 복이 내일의 화가 되는 경우는 여전히 비일비재하다. 그러므로 우리의 인생과 신앙 여정에서 누구와 견주어 앞서고 뒤서거나, 오르고 내리는 문제에 매달리지 않도록 조심하자. 우리 여정의 목표는 '이 산'도 '저 산'도 아닌, 오직 '여호와의 산'이다.

이름을 다시 거룩하게

"여러 나라 가운데에서 더럽혀진 이름 곧 너희가 그들 가운데에서 더럽힌 나의 큰 이름을 내가 거룩하게 할지라 내가 그들의 눈앞에서 너희로 말미암아 나의 거룩함을 나타내리니 내가 여호와인 줄을 여러 나라 사람이 알리라 주 여호와의 말씀이니라"(23절).

하나님의 이름을 거룩하게 하기 위한 주님의 계획은 무엇인가. 우선은 해방과 귀환이다. 주님은 당신의 거룩한 이름을 위하여 흩어진 백성을 열국에서 불러들이실 것이다(24절). 더 중요한 계획은 치유와 회복, 곧 새 창조를 이루시는 것이다. 주님은 자기 백성을 정결하게 하시고, 그들 속에 새 영과 새 마음을 주어 주님의 말씀과 뜻에 순종하도록 하실 것이다(25~27절). 그리하여 그들이 죄악을 미워하며(31절) 부끄러움을 아는 염치를 지닐 때(32절), 그들은 주님의 백성이 되고, 주님은 그들의 하나님이 될 것이다(28절).

하나님의 이런 계획은 십자가와 부활, 그리고 성령강림과 교회로 온전히 구현되었다. 이 진리를 알기에 우리 기도의 첫 제목이 "주님의 이름이 거룩히 여김을 받으소서"인 것이다.

주님은 다 아신다

아우슈비츠에서 홀로코스트의 현장을 본 적이 있다. 수많은 사람의 머리카락 더미를 보는 순간 몸이 굳는 듯했던 그 느낌이 아직도 생생하다. 캄보디아에서는 킬링필드 희생자들의 해골 앞에서 걸음을 멈춰야 했다. 너무 무심하고 생경해 보여 오히려 비현실적으로 느껴졌다. 그때 누군가가 머리카락 더미나 해골 뼈들이 다시 살겠느냐고 물었다면, 나는 뭐라고 답했을까.

환상 속에서 에스겔은 같은 질문을 받았고, 이렇게 대답했다. "주하나님, 주님은 아십니다." 그의 대답이 합당해서였을까? 주님은 에스겔에게 "대언하라" 이르셨다. 그가 순종하여 뼈들에게 "너희가 다시 살아나겠다" 하니 뼈들은 사람이 되었고, 생기에게 "이 사람들속에 들어가 살게 하라" 대언하니 그들이 주님의 군대로 거듭났다. 업그레이드 된 거듭남이었다.

유다와 이스라엘은 한 민족으로 통일되어 주님과 평화의 언약을 맺고 하나님의 나라로 섰으며, 주님은 그들 위에 성소를 두고 그들의 주님이 되는 영광을 누리셨다. 그렇다. 순종하고 대언해 보면 안다. 주님의 계획이 얼마나 놀랍고 위대한지를 말이다.

사면초가라 해도

고난을 피할 수도 없고, 그렇다고 극복할 힘도 없을 때 우리는 흔히 "사면초가에 처했다"는 말을 한다. '곡과 마곡', 곧 이스라엘의 마지막 대적들이 "광풍같이 이르고 구름같이 땅을 덮는" 날들처럼 말이다(9절). 이스라엘은 "오래 걸려 전쟁의 상처를 겨우 씻은 나라"와 같고, "여러 민족 가운데 흩어져 살다가 돌아온 사람들이 오랫동안 폐허로 남아 있던 이스라엘의 산지에 다시 세운 나라" 정도일 것이다(8절). 그런데도 곡과 마곡은, 성벽도 문빗장도 없이 사는 이들을 덮쳐서 약탈하려고 몰려들 것이다. 다른 민족들이 비난해도 그리할 것이다.

이렇게 피할 수도, 피할 곳도 없는 경우에도 희망은 있는 법이다. 주님의 심판이 있기 때문이다. 주님은 지진과 분열과 전염병과 피로 그들을 심판하며, 폭우와 큰 우박덩이와 불과 유황으로 그들과 싸우실 것이다(22절). 전쟁은 단지 주님의 위대함과 거룩함을 드러내는 기회일 뿐이다. 그들이 강할수록 하나님의 위대함은 더 크게 나타날 것이다. 그러므로 진짜 안보(安保)는 늘 하나님의 백성으로 사는 길뿐이다.

심판과 구원의 이유

38장부터 시작된 심판 예언이 이어진다. "그날에는 내가 이스라엘 땅, 사해의 동쪽, '아바림 골짜기'에 곡의 무덤을 만들어 주겠다. … 그곳 이름은 '하몬곡 골짜기'라고 불릴 것이다"(11절, 새번역).

하나님께서 이렇게 곡을 심판하시는 까닭은 무엇일까. "그때에야 비로소 그들이, [하나님만이] 주인 줄 알고, 이스라엘이 하나님의 거룩한 이름을 알게 되기" 때문이다(6, 7절). 주님이 이스라엘을 그토록 열심히 구원하시는 이유도 주님 자신을 알리기 위해서다. 주님을 알게 하는 것이 왜 중요한가? 그래야 택함받은 백성은 하나님 나라 백성답게 살게 되고, 주님은 온 땅에서 그 이름에 합당한 예배와 영광을 받게 되는 종말론적 평화를 이루게 된다.

주님을 알고 또 알려서 주님의 이름이 온 땅에서 영광을 받도록 하는 것이 하나님의 백성이 구별된 이유이자 사랑과 복을 받는 이유다(21절). 우리가 구원과 사랑과 복을 구하는 이유도 그것이어야 한다. 그렇지 않으면 심판과 후회는 계속 반복될 수도 있다.

기억하고 희망하면

때로는 기억하는 것이 희망이다. 그래서 주님은 종종 우리의 기억을 일깨우는 일을 하신다. 에스겔이 사로잡힌 지 스물다섯째 해에도 주님은 그 일을 하셨다. 선지자를 권능으로 사로잡아 다시 이스라엘 땅으로 데려가셨고, "놋쇠와 같이 빛나는 모습"의 한 사람을 통해 새 성전을 둘러보게 하신 것이다. 그리고 그가 보게 된 모든 것을 이스라엘에게 전하라고 명하셨다(4절). 그리하여 낱낱이 보게 된 새 성전의 위용은, 마치 주님이 '기억하고 희망하여라. 나는 너희를 이리로 다시 부를 것이고, 너희는 이곳에서 나와 함께 다시 시작할 것이다!'라고 이르시는 것 같았으리라.

땅의 일에 매여 사느라 애쓰다 보면 하늘의 일은 잊을 수 있다. 그때 당신의 기억을 되살리는 장치는 무엇인가. 난민들에게는 '새 성전'의 영광과 비전을 듣고 믿음으로 바라는 게 그런 장치였을 것이다. 우리도 새 하늘과 새 땅을 바라며 살자. 그 영광을 희망하고 기도하면서.

주님께 더 가까이

성전 곳곳을 측량해 나가던 천사가 내전 곧 지성소에 이르렀다. 그런데 이제껏 에스겔이 보는 앞에서 성전의 여러 곳을 측량하던 천사가, 이번에는 혼자 들어가 측량을 한다(3절). 무엇 때문일까. 하나님의 거룩 때문이다. 지성소는 이스라엘 백성 중에서도 대제사장만 들어갈 수 있었다. 그것도 일 년에 한 번, 성실하게 준비를 한 후에야 들어갔다.

우리는 어떤가. 예수 그리스도가 갈보리 십자가에서 죽으실 때 성소의 휘장이 둘로 찢어진 이후, 우리는 주님 보혈의 공로를 의지해서 언제든 하나님의 임재 안으로 자유롭게 들어갈 수 있게 되었다. 에스겔이 환상 중에서도 함부로 들어갈 수 없었던 그곳, 은혜의 보좌 앞으로 우리는 언제든 담대히 다가갈 수 있게 된 것이다. 그런데 '바쁘다', '못 하겠다', '다음에 하겠다' 하며 하나님의 은혜를 향해 나아가지 않는다면, 그것은 분명 게으름과 불신앙일 테다. 더 가까이, 더 자주 은혜의 보좌로 나아가고 싶어야 한다. 다른 이들까지 그분의 임재로 인도하고 싶어야 한다. 그것이 주님을 향한 마땅한 믿음이고, 건강한 경건이다.

창조와 부름의 목적

에스겔은 환상 중에 두 개의 방을 소개받는다. 제사장의 직무를 감당하는 데 이용되는 방들이다. 거기서 제사장들은 옷을 갈아입거나 제사에 필요한 여러 과정을 준비한다. 하나님께 나아가기 전에 조용히 기도하며 주님의 임재를 기다리는 방인 것이다. 잠잠히 주님을 바라는 제사장의 심정, 그 떨림과 고요를 상상해 보자. 하나님이 그들을, 우리를 부르신 목적을 생각하며.

존 비비어는 『동행』에서, 하나님이 에덴에 아담을 두신 목적을 '동행'이라고 이야기한다. 전 세계로 나아가 설교를 하고, 사람들의 병을 고치고 마귀를 쫓아내게 하시려는 것이 창조의 목적이 아니라는 것이다.

그리스도는 우리와의 동행을 원하시기에 지금도 우리의 마음 문을 두드리신다(계 3:20). 우리를 책망하며 뜯어고치기를 원하셔서가 아니다. 단지 우리와 함께 먹고 마시며 교제하기를 원하셔서다. 그것이 우리를 짓고 부르신 뜻이며, 또 우리가 사는 길이기도 하다.

성전에 가득한 영광

모세의 성막이나(출 40:34) 솔로몬 성전이(왕상 8:11) 성전일 수 있었던 것은 그곳을 가득 채운 하나님의 영광 덕이었다. 에스겔이 환상 가운데 본 새 성전에도 다시 돌아오신 주님의 영광이 가득했다. "여호와의 영광이 동문을 통하여 성전으로 들어가고 영이 나를 들어 데리고 안뜰에 들어가시기로 내가 보니 여호와의 영광이 성전에 가득하더라"(4~5절). 새 성전은 그냥 새 집이 아니라 정말 성전일 거란 뜻이다.

이제 그 영광은 그리스도 예수 안에 나타나서 우리에게 주님의 영광을 아는 빛이 되었다. "어두운 데에 빛이 비치라 말씀하셨던 그 하나님께서 예수 그리스도의 얼굴에 있는 하나님의 영광을 아는 빛을 우리 마음에 비추셨느니라"(고후 4:6). 주님의 종말론적 비전은, 주님이 교회와 성도를 성전 삼아 온 열방이 알도록 영광 중에 임재하시는 것이다. 그것이 우리가 구원을 받고 복을 받는 이유이며, 성령의 전으로 택함 받은 이유다. "너희는 너희가 하나님의 성전인 것과 하나님의 성령이 너희 안에 계시는 것을 알지 못하느냐"(고전 3:16).

주님 앞에서 온전하려면

성소의 동쪽 문으로 들어오신 주님은 그 문을 잠가 두라 하신다. 아무나 동문 문지방을 넘어 주님의 영광을 침해하지 말라는 분부이기도 하고, 주님이 다시 성전을 떠나는 일은 없으리라는 약속이기도 하다. 그러면 영광으로 임재하신 주님을 섬길 자들은 누구인가? 원래는 레위 족속이어야 하지만, "이스라엘 족속이 나[주]를 버리고 떠나서, 우상들을 따라 잘못된 길로 갔을 때에, 레위 제사장들도 내게서[주에게서] '멀리 떠나갔기' 때문에" 그럴 수 없게 되었다(10절). 히브리말 '라하크'(רחק)는 '고의적으로 멀리하다'라는 뜻이다. 주를 대면할 수 없는 제사장 족속이라니, 큰 벌이다. 그러고 보면 교회의 옛 법에 있었다는 '대면 거부'의 벌은 매우 끔찍한 벌이다. 그래도 자비로운 주님은 레위 족속에게 성전에서 시중드는 일들을 맡기셨고, 성소의 직분을 굳게 지켰던 사독의 자손들에게만은 '대면 예배'의 복을 허락하셨다. 대신에 사독의 후손 제사장들에게는 엄하고 거룩한 경건을 요구하셨다(17~27절). 그리고 이렇게 축복하셨다. "그들에게는 기업이 있으리니 내가 곧 그 기업이라…"(28절). '아멘'도 왠지 두려운 아침이다.

새 나라의 비전

이스라엘은 언제 새 나라가 될까? 왕('임금'보다는 '우두머리')과 백성 모두가 주의 율례를 지킬 때 그리될 것이다. 어떤 율례인가. 땅을 나누어 기업으로 삼을 때에 한 구역을 거룩한 땅으로 삼아 여호와께 예물로 드려야 한다(1절), 통치자들이 포악을 그치고, 정의와 공의를 행하며, 백성을 속여 빼앗는 일을 멈추어야 한다(9절), 절기, 월삭, 안식일과 모든 성회 때마다 왕은 번제물과 곡식제물과 부어드리는 제물, 그리고 속죄제물과 화목제물을 공급할 책임을 진다(17절) 등이다. 우두머리부터 거룩한 예배와 공의로운 삶을 위해 솔선수범할 때, 새 나라가 임한다는 비전이고 예언인 셈이다.

수학의 방정식은 변수를 포함한 등식에서 변수의 값에 따라 참 또는 거짓이 되는 식이다. 이때 변하지 않는 수가 있는데 '상수'다. 상수가 있어야 참의 답을 구할 수 있다. 신앙의 세계에서 상수는 주님이고, 변수는 우리다. 그러므로 주님이 변하기보다 우리가 변하는 것이 이치에 맞다.

날마다 새로운 행복

타락한 이스라엘과 유다로 인해 주님은 한때 성전 제사를 역겹다고까지 하셨다. 그러나 이제 회개한 백성과 스스로를 낮춘 군주가 회복된 성전에서 겸손히 드리는 예배를, 주님은 기꺼이 받겠다고 약속하신다. 더 나아가 주님은 매주(안식일) 매달(초하루) 그리고 매일 아침에 새로운 복으로 찾아올 것도 약속하신다. 그때마다 진실과 영으로 나아오라고 주님은 당신의 백성을 초대하신다. 그 만남을 통해 이루어질 복을 가볍게 취급해서는 안 될 것이다.

성경은 "영과 진리로 드리는 예배", 곧 영적이며 진실한 예배를 새로운 예배라고 말하며(요 4:24) 새 복을 약속한다. 지난날 이스라엘이 행하던 제사는 이미 안개처럼 지나가 버렸다. 영적이지도, 진실하지도 않았기 때문이다. 하나님께 소중한 것은 제단과 제물의 화려함이나 제사의 세련된 형식이 아니다. 하나님께 소중한 것은, 사랑과 공의를 추구하는 삶과 진실한 믿음을 제물로 삼은 예배다. 주님은 이런 새 예배가 매일 우리 삶에서 드려지기를 원하신다. 이제 주님의 초대에 응한 당신과 나는 매일 생명 회복의 복을 누릴 것이다. 주님의 약속이다.

생명과 은혜의 방향

인생은 자신이 선택한 방향으로 흘러간다. 부정적인 쪽을 택하면 부정적인 방향으로, 긍정적인 쪽을 택하면 긍정적인 방향으로 이어 진다. 오늘도 내일도 그날이 그날이라고 여기면 늘 그날이 그날이 기 십상인 반면, 오늘도 내일도 새롭다고 여기면 매순간을 감사와 소망으로 살 수 있다.

내 선택이 인생의 방향에 영향을 미친다는 것을 알았을 때, 우리 는 무엇을 선택할 것인가. 이왕이면 하나님이 계획하신 은혜와 생 명의 방향을 선택하자. 그것은 "성전으로부터"다. 성전으로부터 흘 러나온 물이 죽은 물을 되살아나게 하고, 그 물이 흘러가는 곳마다 나무가 살고 꽃이 피어나고, 바다의 물과 그 안의 고기가 다시 살아 난다. 성전으로부터 나오는 그 물로 인해 각종 나무는 그 잎이 시들 지 않고 실과가 끊이지 않을 뿐더러 달마다 새 실과를 맺는다(9~12 절). 회복과 결실이 이어지는 은혜가 아닌가. 그러니 순간순간 '성전 으로부터의 은혜'를 선택하며 살자. 그 선택이 우리의 인생길에 생 명을 더할 것이다.

여호와 삼마를 희망하며

중국의 우장훙은 "벼랑 끝에 자신을 세우라"는 말로 유명하다. 그녀는 『어머니의 편지』에서, 뒤로 물러설 곳이 없는 '벼랑 끝'에서는 보통 나아가든 물러서든 선택하게 되는데, 이로써 자신이 뛰어난 인재인지 아닌지가 구분된다고 했다. 그러면서 벼랑 끝에 자신을 세워 남은 희망과 기회의 중요성을 깨닫고 세상을 긍정적으로 보는 훈련을 하라고 권고한다. 어떤 근거로 벼랑 끝에서 긍정적인 관점이 생긴다는 건지는 모르겠지만, 벼랑 끝 상황에서는 누구라도 믿음이나 실력의 바닥까지 드러내고 말 거란 생각에는 공감한다.

에스겔서는 주님의 지도를 따라 지파마다 땅을 분배받는 희망을 전하며 마무리된다. 그렇지만 이스라엘의 현실은 여전히 '벼랑 끝'의 막막함이었다. 그것을 아시기에 주님은 새로운 성읍의 이름을 "여호와 삼마"로 계시하신다(35절). '주님이 계시는 곳'이란 뜻이다. 벼랑 끝에 선 유다 백성의 희망은 '여호와 삼마'였을까. 분명하지는 않으나, 아마도 그 희망을 간직한 이들만이 그 '끝'을 넘어 '주님이 계시는 곳'으로 나아가지 않았을까 싶다.

하나님 나라의 역사

나라가 망하고 많은 사람들이 적국으로 끌려가 버렸다면 '끝났다'고 해야 할 것이다. 그러나 역사의 주인이신 하나님이 그 포로 중에서 네 명의 젊은이를 주목하고 인도하셨다면, 하나님 나라의 역사는 끝나지 않은 것이다. 이것이 다니엘서가 전하는 교훈이다.

다니엘, 하나냐, 미사엘, 아사랴(이들의 이름에는 하나님을 뜻하는 '엘'과 '야'가 들어 있다)는 적국의 포로가 되어 이름마저 빼앗기는 고초를 겪지만 꿋꿋이 이겨 낸다. 이들이 '성공'이라는 세속적인 욕망에 끌렸다면 좌절하거나 변절했을 것이다. 그러나 이들의 꿈은 '거룩하고 싶다'였다. 그렇다고 이들이 국수주의자나 반(反)바벨론주의자가 되고자 했다는 것은 아니다. 그들은 오히려 바벨론식의 개명을 받아들이고 바벨론의 학문까지 착실히 배웠다. 다만 자신들의 중심을 오직 하나님께 두고 흔들리지 않았다.

세상 나라의 시민이면서도 하나님 나라의 백성으로 거룩하게 사는 긴장감, 그것은 다니엘과 그의 친구들뿐 아니라 이 땅에 살고 있는 모든 하나님의 자녀가 가져야 할 생활양식이다(8절). 우리도 무언가 뜻을 정해 놓고 사는 거라면 말이다.

역전 드라마의 주인공

느부갓네살의 꿈, 그리고 다니엘의 해몽은 묵시문학적이다. 꿈에 나온 신상을 통해 묘사된 네 강대국의 특징은 그 영광과 권력은 점점 줄고, 그 혹독함과 완고함은 점점 늘어난다는 데 있다(36~44절). 다니엘은 그 꿈이 하나님이 앞으로 일어날 일을 알려 주신 것이며, "이 꿈은 그대로 이루어질 것"이라고 말한다(45절).

주님은 거룩하게 살겠다고 뜻을 정하고 성실하게 걷는 이들에게 이런 역전의 복을 베푸신다. 다니엘 또한 거룩한 뜻을 세우고 성실하게 그 길을 걷다 보니, 하나님과 깊이 통하게 되었고 역사를 이해하는 혜안도 갖게 되었다. 그랬기에 느부갓네살이 기억도 못 하는 꿈을 주님이 주신 지혜와 환상으로 해석할 수 있었다.

세상에서의 성공을 보장하는 완벽한 환경이란 없다. '금수저' '흙수저'를 탓하기보다 하나님을 경외하며 거룩한 걸음을 걸어 보자. 다니엘처럼 죽음의 위기도 역전의 주님을 찬송할 기회로 바꾸는 멋진 드라마의 주인공이 될 수 있을 테니 말이다. "나의 조상을 돌보신 하나님, 나에게 지혜와 힘을 주시며 주님께 간구한 것을 들어주시며 왕이 명령한 것을 알게 해주셨으니, 주님께 감사하며 찬양을 드립니다"(23절, 새번역).

끝장을 보는 믿음

3장은 자신을 위해 우상을 지었던 권력자와, 그들의 우상화 노름에 휩쓸리지 않고 자신을 짓는 데 최선을 다했던 다니엘의 친구들을 대비해서 보여 준다. 그리고 하나님이 그 사이에서 어떻게 간섭하고 섭리하셨는지를 알려 준다.

하나님은 모든 우상화 노력을 시답지 않게 여기신다. 그리고 그런 악한 의도에 빌붙어 똘마니 노릇이나 하는 이들을 멸시하신다. 반면, 하나님 앞에서 자신을 짓는 일을 성실히 감당하는 이들을 귀히 보시고 돌보신다.

사명이어서, 또한 옳다고 믿는 일이어서 물러나지 않는 인내는 주님께 쓰임받은 이들의 영적 자질이다. 우리는 지금 포스트잇처럼 여기저기 잘 붙었다 떨어졌다 하는 '정함이 없는 시대'를 살고 있다. 많은 이들이 환경을 탓하며 신앙을 쉬 포기하고 좌절한다. 그러나 여호와 신앙 때문에 풀무불에 들어가야 했던 시대보다 이 시대가 더 힘들다고는 할 수 없다. 환경보다 믿음을 탓해야 한다. 끝장을 보기까지 저항하는 믿음, 그 믿음이 없는 것이 아쉬울 뿐이다.

그저 주님의 종일 뿐이다

느부갓네살이 "지극히 높으신 하나님"을 찬송하는 종이 된 계기가 신비롭다. 그는 왕궁 옥상을 거닐면서 자화자찬하던 최고 권력자였다. "나 왕이 말하여 이르되 이 큰 바벨론은 내가 능력과 권세로 건설하여 나의 도성으로 삼고 이것으로 내 위엄의 영광을 나타낸 것이 아니냐"(30절). 그런데 그가 다니엘이 해석한 꿈처럼, 일곱 때를 사람들에게 쫓겨나 들짐승과 함께 살면서 소처럼 풀을 먹었다. 여러 해를 광인이 되어 산 것이다. 그리고 나서야 비로소 지극히 높으신 이가 사람의 나라를 다스리시며, 자기 뜻대로 그것을 누구에게 주시는 줄을 알았다(32절). 거친 들에서 '은혜 없이는 아무것도 아닌 존재'라는 것을 체득하고 난 후에야 자신이 하나님의 종이라는 것과 그것이 복이라는 사실을 제국의 왕은 알게 되었던 것이다. 그때 하나님은 다시 한 번 그를 제국의 왕으로 높이시고 그를 통해 경배를 받으셨다(34~37절).

누구나 하나님의 종이다. 그리고 하나님의 종일 뿐이다. 깨닫는 자는 복이 있다.

주님의 저울에 달면

"나는 러시아 혁명의 역사를 50년 이상 연구했습니다. 수백 권의 책을 읽었고 … 더욱이 여덟 권이나 되는 책을 손수 써서 이 문제를 파헤쳐 보기도 했습니다. 그럼에도 불구하고 6천만 명이나 삼켜 버린 무시무시한 혁명의 주요 원인이 무엇인가를 정확히 이야기해 보라고 한다면, 나는 어렸을 때 들었던 이야기보다 더 정확히 말할 수는 없을 것입니다. '사람들이 하나님을 잊어버린 것이 문제입니다. 이것이 우리가 이런 재앙을 당한 이유입니다'라고 말입니다."

냉전시대 소비에트의 저항 작가, 알렉산더 솔제니친이 남긴 고백이다. 하나님을 잊어버린 시대, 하나님을 멸시하는 것을 권위라고 착각하는 사람들, 기회를 주어도 마음을 낮추지 않는 지도자들에게 하나님은 지금도 경고하신다(22~25절). "메네 메네 데겔 우바르신!" 하나님의 저울로 달아 보아 함량 미달인 시대와 왕을 하나님은 더 이상 보호하지 않겠다는 뜻이다(그날 밤에 벨사살은 살해된다). 우리 시대와 지도자들, 그리고 당신과 나는 주님의 저울에서 과연 안전할까.

반전극의 거장을 아는가

홀로 살아남아 무인도에 오른 한 선원이 있었다. 거의 한 달 동안 오두막을 지었다. 그런데 어느 날, 유일한 안식처인 그 오두막에 불이 붙었다. 불타는 오두막 앞에 주저앉아 멍하니 있던 선원은 땅거미가 내린 후에야 겨우 잠자리를 마련하고 누웠다. 그런데 절망감에 뒤척이며 잠 못 이루던 새벽녘에 무슨 소리가 들려왔다. 바닷가를 바라보니 멀리서 배 한 척이 다가오고 있었다. 그는 정신없이 소리치며 배를 향해 달려갔고, 마침내 구조되었다. 섬 인근을 지나던 배가 불타는 오두막을 보고는 구조요청 신호인 줄 알고 다가온 것이었다.

당신도 이런 전화위복의 '반전' 드라마를 알고 있는가. 사자 굴에 던져질 위기에서도 하나님을 의지하고 담대하며 성결했던 다니엘을 위해 하나님은 그야말로 극적인 반전을 연출하셨다. 제국 내 모든 백성은 다니엘의 하나님을 경외하라고 선포한 다리오 왕의 조서는 '반전극'의 사족이 되었을 뿐이다(26~27절). 주님은 이처럼 반전극의 거장이시다. 우리는 다만 하나님을 의지하며 기다리면 된다. 그분의 시간(In His Time)에 이르기까지.

아직 희망은 있다

다니엘이 본 네 짐승의 환상이다. 바벨론, 메대와 바사, 그리스, 로마제국 등 유다와 이스라엘을 정복했거나 정복할 제국들의 앞날에 관한 것이다. 나라는 망했지만, 온 세상의 주권자이신 주님만 의지하고 힘을 내라는 뜻이었다. 다 잃고서야 주님의 주권이 세계적이고 영원하다는 것을 깨닫고 만 것이 한심하다 싶으면서도 동병상련인가, 이해는 된다. 어쨌든 "나라와 권세와 열방의 위력이 가장 높으신 분의 영원한 나라와 거룩한 백성에게로 돌아갈 것"이란 비전은, 유다 백성의 난민생활에 큰 위로와 희망이 되었다(27, 28절).

세계화된 세상에 살면서도 우리의 믿음은 지극히 국지적이고 유치할 때가 많다. 성서 해석이 그렇고, 기도나 전도도 그렇다. 그러다 보니 회개의 때에 아전인수 격인 변명을 일삼고, 한번 넘어지면 좀처럼 일어나려 하지 않는다. 착각하지 말자. 내가 넘어졌다고 주님도 넘어지신 것은 아니며, 내가 괜찮다고 주님이 괜찮으신 것은 아니다. 주권자가 마침표를 찍으신 게 아니라면 아직 아무것도 끝나지 않았다. 그러므로 언제든 희망은 있다.

그 힘은 영원하지 않다

다니엘이 다시 본 환상이다. 뿔난 숫양은 메대와 바사의 왕들을 상징하고, 뿔난 숫염소는 헬라의 왕들을 상징한다. 그들의 패권 다툼 틈바구니에서 가난한 미래의 동포들이 얼마나 많은 고초를 겪게 될까 걱정하던 다니엘은 그만 앓아눕고야 말았다(27절).

폭력으로 무언가를 이루겠다는 인간의 욕망과 교만이 계속되는 한, 패권 다툼과 전쟁은 계속될 것이다. 약자에게 가해지는 폭행도 여전할 것이다. 그러나 명분이 무엇이든 불의한 힘의 행사는 주님의 다움과 심판의 대상이 될 뿐이다. 결국 세상의 힘은 영원하지 않을 것이다(25절).

모든 힘의 근원이신 주님은 때로 세상의 불의를 심판하시려고 누군가에게 큰 권세를 주기도 하신다. 그 힘이 자비와 함께일 때는 의로울 수 있지만, 힘을 휘두르면서는 자비심을 잃지 않기가 쉽지 않다는 것이 문제다. 그러므로 우리는 힘보다 먼저 자비심을 구해야 한다. 특히 내게 뭔가 휘두를 게 하나라도 있다면 더욱 그래야 한다. 가진 힘 때문에 오히려 주님을 두려워할 때, 주님은 그런 자와 오랫동안 함께하신다.

간절히 바란다면

누군가 다니엘에게 "일정 기간이 지나면 '기름 부음을 받은 자(메시아)'가 나타나서 예루살렘의 재건을 이루고, 또 일정 기간이 지나면 다시 큰 환난의 때가 시작될 것을(24~27절) 어떻게 알았습니까?"라고 묻는다면 다니엘은 무어라 대답할까. "저는 유별나게 똑똑하거나 특별히 지혜가 많은 사람이 아닙니다. 다만 하나님의 구원을 간절히 바랐고, 그 열망으로 기도했고, 보여 주신 환상의 뜻을 깨닫고는 회개하며 간구했을 뿐입니다"라고 하지 않을까. 실제로 그가 한 것은 환상을 보기 위한 신비한 훈련 같은 것이 아니었다. 그는 거룩한 책을 공부했고, 하나님의 말씀을 생각했고, 응답을 들으려고 금식을 하며 겸손한 자세로 하나님께 간구했다(2~3절). 그러다 죄책기도도 하게 되었다(5~6절).

오늘도 자신의 안녕보다 열방에 주의 구원이 임하기를 간절히 바라고 증언하며 기도하는 세상의 소금과 빛들이 있다. 그들로 인해 세상은 주님의 은혜와 평화를 누리고 있는 것이다.

오직 사랑

고레스 왕 제3년에 큰 전쟁에 관한 환상을 본 다니엘은 3주 동안 고행의 기도를 한다. 좋은 음식을 삼가고, 고기와 포도주를 입에 대지 않았으며, 몸에 기름을 바르지 않았다(3절). 응답은 왔다. 무서운 환상이 바뀐 것은 아니었다. 다만, 주의 임재를 닮은 천사와의 만남을 얻었다.

떨고 있는 다니엘에게 천사는 두려워하지 말라고 하며, "네가 이 일을 깨달으려고 하나님 앞에서 스스로 겸손하여지기로 결심한 그 첫날부터, 하나님은 네가 간구하는 말을 들으셨다"고 전한다(12절). 또한 두려움에 자꾸 주저앉는 다니엘을 "큰 은총을 받은 사람"이라고 부르며, "평안하라 강건하라" 이야기한다(19절).

아직 먼 미래라지만 자기 백성이 겪을 처절한 고난을 안다는 것은 다니엘에게 고통이었다. 기력을 잃고 호흡마저 힘들어질 정도였다(17절). 그럼에도 그가 환상 보기를 거절하지 않는 이유는 무엇일까. 그토록 힘겨워하는 다니엘을 달래 가면서까지 미래를 알게 하시려는 주님의 의도는 또 무엇일까. 오직 사랑이다. 자기 백성을 향한 사랑 말고 그렇게 할 또 다른 이유는 없다.

미친놈이 날뛰어도

알렉산더(3절) 이후에 시작된 헬라주의 세계는, 그가 죽은 후 이집트의 프톨레미 왕조와 시리아의 셀류시드 왕조로 나뉜다. 그들이 패권을 다투던 긴 세월 동안(1~20절), 유다인들은 갖은 핍박을 견디며 살아야 했다. 핍박은 북쪽(시리아) 왕 안티오코스 4세에 이르러 극에 달했다. 그는 속임수로 왕위를 차지한 후(21절), 남쪽(이집트)을 쳐서 제압하고 스스로를 '에피파네스', 곧 '왕 중 왕'으로 명명했던 전형적인 폭군이다. 그는 또 헬레니즘의 신봉자답게 유다와 유다 신앙을 파괴하기 위한 온갖 악행을 저질렀다. 유다인의 고통이 얼마나 컸을까(21~35절). 오죽하면 '에피파네스'를 비틀어 '에피마네스'('미친놈')로 불렸겠는가.

다니엘에게 그 고난의 때를 미리 보이시고 증언하게 하신 주님의 뜻은 무엇일까. 역사의 주인을 믿고 인내하며 희망하라는 것이 아니었을까. 역사가 계속되는 한, 고난은 또 올 테지만 두려워하지 말자. 고난보다 더 큰 분이 계신다.

희망하고 기다려라

다니엘서 7~12장 같은 형식의 예언을 '묵시'라고 부른다. 성경에만 있는 장르는 아니다. 박해의 시대에는 환상과 꿈, 은유와 징조 등으로 메시지를 전해야 했다. 성경 안팎의 이런 노력을 '묵시문학'이라고 부른다. 그런데 묵시 또는 묵시문학을 이해하는 바람직한 자세는 '언제'가 아니라 '어떻게'를 묻는 것이다. 묵시는, 이 고난이 '언제 끝나지'보다, 이 고난을 '어떻게 이겨 내지'를 묻는 기도에 대한 답이기 때문이다. 그래서 다니엘서는 역사와 세계의 주인이 오직 하나님뿐임을 줄기차게 강조한다. 제국과 폭군들을 심판하실 주권자 주님을 믿고 인내하는 성도는 영생에 이르리라는 희망도 전한다. 동시에 짐승의 힘이 무서워 굴복하면 부끄러움을 면하지 못하리라는 경고도 한다(2절). 결국 묵시는 고난의 때를 살아내야 하는 성도에게 건네는, 오직 주님의 승리를 희망하며 끝까지 견디라는 예언적 격려인 것이다. "… 이 말은 마지막 때까지 간수하고 봉함할 것임이니라 많은 사람이 연단을 받아 스스로 정결하게 하며 희게 할 것이나 악한 사람은 악을 행하리니 악한 자는 아무것도 깨닫지 못하되 오직 지혜 있는 자는 깨달으리라"(9~10절).

주님의 백성이기에

독수리가 날개로 제 새끼를 실어 나르듯, 그렇게 구원해서 키워 낸 백성 이스라엘을 향해 "더 이상 용서하지 않겠다"(6절), "내 백성이 아니다"(9절)라고 하실 때 하나님은 울지 않으셨을까. 우리 어머니들도 너무 속상하면 제 자식을 향해 "이제 자식도 아니다" 하며 우시지 않던가. 그렇다. 주님도 슬퍼하신다. 슬프다 못해 아파하신다. 그래서 그렇게 말씀하시는 것이다.

사실 주님이 바라시는 것은 따로 있다. 주님의 슬픔과 눈물을 자양분으로 삼아 이스라엘과 유다가 함께 일어나는 것이다. 그리만 된다면 그것으로 충분하다 여기실 분이다. "그때가 되면, 유다 자손과 이스라엘 자손이 통일을 이룩하여, 한 통치자를 세우고, 땅에서 번성할 것이다. 그렇다. 이스르엘의 날이 크게 번창할 것이다"(11절, 새번역).

이 비전을 향해 돌이킬 때, 우리도 다시 '하나님의 백성'이라 불리지 않겠는가(10절).

주님의 혼인서약

주님은 멋진 서약을 주님의 교회 된 우리에게 주셨다. "내가 너를 영원히 아내로 맞아들이고, 너에게 정의와 공평으로 대하고, 너에게 변함없는 사랑과 긍휼을 보여 주고, 너를 아내로 삼겠다. 내가 너에게 성실한 마음으로 너와 결혼하겠다"(19~20절, 새번역). 이제 주님의 신부 된 교회의 서약은 무엇이어야 할까. 다윗처럼 주님을 향한 사랑과 감사, 순종과 찬양을 다짐하며, "여호와의 집에서 영원히 살겠습니다!"(시 23:6)라고 하면 좋지 않을까. 그리고 그렇게 살면 될 것이다.

그런데 이스라엘은 주님의 사랑을 우습게 여기고 잊은 것처럼 살았다. 2장 앞부분은 이스라엘이란 아내에게 배반당하고 상처 입은 하나님의 분노와 고발이다. 하나님은 이스라엘이 따라다니던 값진 것들과 풍요로운 소산들을 더 이상 누리지 못하게 하겠다고 다짐하신다. 여기까지는 여느 남편들과 닮아 보인다. 그러나 하나님의 사랑은 바람난 아내의 불신실함을 이길 만큼 크고 신실하다. 그래서 이스라엘이 다 잃어버리고 바알숭배의 허망함을 깨달을 즈음에, 다시 이스라엘과 연애를 시작하겠다고 다짐하신다(14~16절). 우리의 남편 되신 하나님이 이런 분이다.

'그럼에도 불구하고'의 사랑

세상에서 둘도 없는 멋진 사랑고백과 서약을 들으며 주님의 신부가 된 여인은 누구인가. 놀랍게도 '그들이 나에게 먹을 것과 마실 것을 대고, 내가 입을 털옷과 모시옷과 내가 쓸 기름과 내가 마실 술을 댄다'고 자랑하며 정부(情夫)를 따라나선 바람난 어미였다(2:5). 그럼에도 불구하고 성실한 남편이신 주님은 서약대로 사랑과 긍휼을 멈추지 않으셨다. 그리고 선지자는 그런 주님의 사랑을 자신의 가정을 통해 보여 주도록 부름받았다. "너는 다시 가서, 다른 남자의 사랑을 받고 음녀가 된 그 여인을 사랑하여라. 이스라엘 자손이 다른 신들에게로 돌아가서 건포도를 넣은 빵을 좋아하더라도, 나 주가 그들을 사랑하는 것처럼…"(1절, 새번역).

우리가 이런 사랑을 받으며 살아왔다는 것을 기억하자. 이런 사랑을 살라고 부름받았다는 것도 기억하자. 그리고 더는 바람피우지 말자. 또한 '건포도를 넣은 빵'이 보암직하고 먹음직하고 지혜롭게 할만큼 탐스럽다며 따라나선 이들까지 긍휼로 대하자. 훗날 주님의 성실한 사랑과 은혜 앞에서 조금이라도 떳떳하도록, 그렇게 살자.

네가 나를 모르는데

주님께서 이스라엘을 규탄하며 탄식하신다. (＊호세아의 '이스라엘' 은 북 왕국을 말한다.) "… 이 땅에는 진실도 없고 인애도 없고 하나님 을 아는 지식도 없고 오직 저주와 속임과 살인과 도둑질과 간음뿐 이요 포악하여 피가 피를 뒤이음이라"(1~2절). 이 곤고한 시대를 책 임져야 할 이들은 누구인가? 물론 이스라엘 공동체의 책임이지만, 주님은 그중에서도 제사장과 선지자들에게 우선 책임을 물으신다 (4, 5절). 그들이 여호와를 아는 지식을 버리는 바람에 백성도 하나 님을 제대로 알지 못했기 때문이다. 이에 대한 주님의 판결이 얼마 나 엄정한가 보라. "… 네가 제사장이라고 하면서 내가 가르쳐 준 것을 버리니, 나도 너를 버려서 네가 다시는 나의 성직을 맡지 못하 도록 하겠다. 네 하나님의 율법을 네가 마음에 두지 않으니, 나도 네 아들딸들을 마음에 두지 않겠다"(6절, 새번역).

우리가 사는 이 땅에는 진실과 사랑과 하나님을 아는 지식이 충 분할까. 제사장이고 선지자인 교회는 신중하게 살피며 성실하게 할 일을 해야 한다. 우리와 다음세대가 살아가야 할 땅이고 역사가 아 닌가.

고난에라도 처해야

외모가 평범한 남자와 예쁜 여자가 결혼하면 사람들은 "그 남자 능력 있다"라고 말한다. 수수하게 생긴 여자와 잘생긴 남자가 결혼하면 사람들은 "그 여자 돈 많은가 봐"라고 한다. 그만큼 조건을 초월한 사랑이 드물기 때문일까. 하긴, 외모나 경제력 같은 조건과 능력을 넘어선 큰 사랑, 진짜 사랑을 보기가 쉽지는 않다.

조건적이고 이기적이고 물질적인 욕망들이 '사랑'으로 불리고 있다. 그래서 사랑은 안개처럼 가볍고 쉬우며 잘 변하는 것으로 오해를 받는다. 주님 앞에서도 사랑과 믿음이 이토록 가벼우니 어찌 하나님이 참으실까. 결국 주님은, 큰 사랑을 받고도 서로 싸우고 다투는 이스라엘도 유다도 내버려두겠다 하신다. 고난에라도 처해야 좀 간절하고 진중해지는 '인간'임을 아셨기 때문이리라.

"나는 이제 내 곳으로 돌아간다. 그들이 지은 죄를 다 뉘우치고, 나를 찾을 때까지 기다리겠다. 환난을 당할 때에는, 그들이 애타게 나를 찾아 나설 것이다"(15절, 새번역).

주님이 바라시는 회개

"이제 주님께로 돌아가자. 주님이 우리를 찢으셨으나 다시 싸매어 주실 것이다. 이삼일 뒤에는 다시 일으켜 세우실 것이다. 그러니 주님을 찾아가자. 새벽마다 여명이 오듯이, 때마다 땅을 적시는 단비가 내리듯이 주님은 그렇게 오실 것이다"(1~3절 요약).

주님께 돌아가자고 간절히 호소하는 듯한 이 구절은, 그러나 선지자의 목소리가 아니다. 어쩌면 금식기도회 같은 데서 나눌 만한, 조금은 상투적인 찬양시로 봐야 한다. 그렇지 않다면 그다음에 나오는 주님의 탄식을 이해할 방도가 없어진다. "에브라임아, 유다야, 너희를 어떻게 하면 좋겠느냐? 나를 향한 너희의 사랑은 아침 안개와 같고, 덧없이 사라지는 이슬과 같구나. 내가 바라는 것은 변함없는 사랑이지, 제사가 아니다"(4, 6절 요약).

행사와 찬양은 그럴 듯했지만, 그것이 이스라엘의 진실한 회개를 입증하지 못했다. 그 와중에도 협잡과 살인으로 얼룩진 왕권 다툼과 우상숭배는 여전했으니 말이다(7~10절).

주님이 바라시는 회개는 세상을 변화시키는 사랑(헤세드)의 실현이다. 예배의 횟수가 아니다.

슬피 운다고 다 되나

호세아가 활동하던 시대의 북이스라엘은 혼탁하기 짝이 없었다. 여로보암 2세의 아들 스가랴가 즉위한(B.C. 753) 이후 30여 년 동안 네 번의 혁명이 일어났고, 여섯 번 왕위가 바뀌었을 정도다. 지도층은 왕권 다툼과 기득권 싸움에 여념이 없었다. 게다가 앗수르와 애굽의 틈바구니에 끼인 채 빼앗길 대로 다 빼앗기고 말았다. 슬피 우는 비둘기같이 초라한 신세였다. 결국 에브라임, 곧 북 왕국은 "뒤집지 않은 전병"(8절)처럼 이상하게 되어 버렸다. 그런데도 지도층이란 자들은 하나님을 의지해서 위기를 극복하려 하지 않았다. 왕국의 구심점이어야 할 여호와 신앙은 여러 민족의 문화와 우상숭배에 오염되어 이미 구실을 못하고 있었다. 주님은 "그들이 나에게 부르짖으나, 거기에 진실이 없다. 오히려 [이방인이 그러듯] 침상에 엎드려 울기나 한다"며 탄식하신다(14절). 에브라임의 위기의 본질은 거기에 있었던 것이다.

이는 우리 시대도 마찬가지다. 진실하지 않은 신앙과 뒤집지 않은 전병같이 되어 버린 정치로는 슬피 우는 비둘기 같은 꼴을 면하기 어렵다. 진실한 것만큼 바른 것은 없다.

그런 것으로 퉁칠 수 없다

"'우리의 하나님, 우리 이스라엘이 주님을 압니다' 하고 나에게 호소하면서도, 복된 생활을 뿌리치니 적군에게 쫓기고 말 것이다"(2~3절, 새번역).

이스라엘은 '우리 하나님'이라 부르며 '주님을 안다' 하면 주님이 보호하실 것을 기대한 눈치지만, 주님은 그런 이스라엘은 모르겠다고 하신다. "이스라엘이 왕들을 세웠으나 나와는 관계가 없는 일이며", "통치자들을 세웠으나 그 또한 내가 모르는 일"이라고도 하신다(4절). 하는 짓이라곤 은과 금을 녹여서 신상들과 송아지 우상 같은 것이나 만들고 외국 군대나 불러들이려고 안달하니, "그것들 때문에 나의 분노가 활활 타오른다"(5절)라고도 하신다. 또 용서를 받겠다며 제단을 쌓지만, 제단의 수만큼 죄도 늘었다고 혀를 차신다(11절). 희생 제물을 좋아하여 짐승을 잡아 바치지만 백성이 정작 좋아한 것은 먹는 고기일 뿐이라시며(13절), '그런 것들로 나를 안다고 할 수는 없다'고 하시는 것이다.

하나님은 우리의 말과 행동에 속지 않으신다. 그러니 괜한 짓으로 퉁칠 생각 말고, 주님을 제대로 알자. 힘써 주님을 알자.

파수꾼인가, 아첨꾼인가

차원을 달리해서 살았기 때문일까, 아니면 사는 길이 다르고 바라는 희망이 달라서였을까. 진심과 열정으로 아무리 살길을 외쳐도 사람들은 들으려 하지 않았다. 오히려 호세아는 "어리석은 자, 미친 자"라는 조롱과 욕을 들어야 했다(7절). 그러나 그는 파수꾼처럼 거듭 외쳤다. "그들이 듣지 아니하므로 내 하나님이 그들을 버리시리니 그들이 여러 나라 가운데에 떠도는 자가 되리라"(17절).

선지자들의 형편은 대체로 늘 이랬다. 이믈라의 아들 미가야는 400명이나 되는 아합의 예스맨들과 대립해야 했다(왕상 22장). 미가는 선지자의 능력이 복채 수입에 비례한다고 믿는 거짓 예언자들에게 시달렸다(미 3장). 예레미야도 자기 시대의 아첨꾼들과 갈등했다(렘 23장).

주님은 오늘도 당신의 제자들이 아첨꾼이 아니라 파수꾼이 되기를 바라신다(눅 6:26 참조). 당신과 나는 어떤 전통을 따라 살고 있을까. 파수꾼일까, 아첨꾼일까.

다시 농부의 영성으로

"너희가 자기를 위하여 공의를 심고 인애를 거두라 너희 묵은 땅을 기경하라 지금이 곧 여호와를 찾을 때니 마침내 여호와께서 오사 공의를 비처럼 너희에게 내리시리라"(12절).

주님이 기대하신 것은, 사랑이 필요한 곳에 사랑이 흘러가도록 하는 사회, 곧 정의로운 공동체였다. 이를 위해 당신의 백성 이스라엘이 '묵은 땅을 갈아엎는' 노력을 한다면, '정의를 비처럼' 내려 주겠다는 계획도 세워 두셨다. 그러나 이스라엘은 그리하지 않았다. 우상을 세우고 섬기는 일이나 왕을 갈아치우는 일에는 어느 시대보다 부지런했지만, 정작 정의로운 세상을 만드는 일에는 관심이 없었다. 적당히 "밭을 갈아서 죄악의 씨를 뿌리고, 반역을 거두어서 거짓의 열매를 먹었다"(13절). 주님의 실망과 탄식은 분노와 심판으로 이어졌다. 이스라엘이 자랑하던 경제, 외교, 국방은 모두 허상이 되게 하셨다. 믿었던 병거와 많은 수의 군인은 적의 공격을 부르는 빌미가 되었고(13, 14절), 보물을 싸 들고 찾아간 앗수르에게 받은 것은 멸시와 수치뿐이었다(6절). 결국 묵은 땅을 갈아엎는 일보다 급하고 귀한 일은 없었던 것이다.

그만 돌아가자

"이스라엘이 어렸을 때에 내가 사랑하여 내 아들을 애굽에서 불러냈거늘 선지자들이 그들을 부를수록 그들은 점점 멀리하고…"(1, 2절). 부를수록 점점 더 멀어지는 아들, 이스라엘을 바라보며 서 계신 아버지이자 어머니인 하나님을 상상해 보라. 마음이 짠하며 울컥하기도 하고, 왠지 죄송하면서 또 감사하고 그렇지 않나. 아, 주님의 사랑이 얼마나 바보 같은가. 바보 같은 사랑이어서 또 얼마나 다행인가.

아무것도 주지 못할 바알('가장 높다는 자', '지배자')을 찾는다며 떠나 버린 자식인데도, 주님은 저들의 어린 시절을 추억하며 기다리신다. "내가 사람의 줄 곧 사랑의 줄로 그들을 이끌었고 그들에게 대하여 그 목에서 멍에를 벗기는 자 같이 되었으며 그들 앞에 먹을 것을 두었노라"(4절). 결국 징계를 피할 수 없게 된 자식이지만, 바보 같은 주님은 버리지도 못하신다. 단지 탄식하실 뿐이다. "에브라임이여 내가 어찌 너를 놓겠느냐 이스라엘이여 내가 어찌 너를 버리겠느냐"(8절). 방황이 길어지면 죄도 깊어진다. 다들 그만 돌아가야 한다. 주님은 여전히 우리 뒤에 계신다.

하나님께만 희망을 두고

"야곱은 모태에서 그의 형의 발뒤꿈치를 잡았고 또 힘으로는 하나님과 겨루되 천사와 겨루어 이기고 울며 그에게 간구하였으며…"(3~4절). 야곱이 이길 수 있었던 것은 하나님의 자비로운 져 주심 덕이었다. 그러나 후손인 이스라엘은 주님의 져 주신 은혜는 잊어버리고, 야곱의 속이는 유전자만 챙긴 듯이 굴었다. "에브라임은 바람을 먹으며 동풍을 따라가서 종일토록 거짓과 포학을 더하여 앗수르와 계약을 맺고 기름을 애굽에 보내도다"(1절). 속임수로 애굽과 앗수르 사이에서 이득을 보려 했다는 뜻이다. 그러나 그 나라들이 하나님처럼 져 줄 마음을 가진 것도 아니었으니, 결국 '속이는 장사꾼'(7절), 야곱의 후예는 심판의 올무에 스스로 묶인 꼴이 되어 버렸다(7:11 참조).

주님은 사기꾼처럼 살라고 야곱과 후손들에게 은혜를 베푸신 것이 아니다. "사랑과 정의를 지키며, 하나님에게만 희망을 두고 살라"(6절)고 그리하신 것이다. 우리도 좋은 말로 이르실 때 주님께로 돌아가야 한다. 우리 주님은 우리가 어찌 살고 있는지 다 아신다.

한결같아야 한다

유다에 버금가는 크고 강했던 지파, 에브라임의 이름에는 북이스라엘 왕국의 맹주다운 권세가 있었다(1절). 하나님이 주신 은혜였다(창 48:10~20의 '야곱의 축복' 참조). 그러나 왕국이 바알숭배에 빠지면서 그 이름도, 왕국도 초라해지고 말았다. "그들은 아침 구름 같으며 쉬 사라지는 이슬 같으며 타작 마당에서 광풍에 날리는 쭉정이 같으며 굴뚝에서 나가는 연기 같으리라"(3절). "그가 비록 형제 중에서 결실하나 동풍이 오리니 곧 광야에서 일어나는 여호와의 바람이라 그의 근원이 마르며 그의 샘이 마르고 그 쌓아 둔 바 모든 보배의 그릇이 약탈되리로다"(15절).

에브라임이 처음부터 틀려먹은 것은 아니다. 하나님 대신 풍요를 추구할수록 점점 더 교만해졌다는 게 문제다. "배가 부르니 그들의 마음이 교만하여 이로 말미암아 나(하나님)를 잊었느니라"(6절). 살만해진 우리도 더 많은 것을 탐하다가 배반의 잔을 마시지 않도록 주의하자. 한결같지 않으면 광야로 돌아가 다시 시작해야 할지도 모를 일이다.

기꺼이 사랑한다는 것

호세아는 주님의 사랑을 세 가지로 선포한다. '용서의 사랑'(6:1), '돌봄의 사랑'(11:1, 4), 그리고 오늘 만나는 '치료의 사랑'이다. "내가 그들의 반역하는 병을 고쳐 주고, 기꺼이 그들을 사랑하겠다. 그들에게 품었던 나의 분노가 이제는 다 풀렸다"(4절, 새번역).

"기꺼이(기쁘게) 사랑한다"는 것은 어떻게 하는 걸까. 주님은 세 가지 이미지로 알려 주신다. 첫째, "이슬" 같다(5절). 이스라엘이 백합화처럼 꽃피고 백향목처럼 뿌리내릴 수 있게 하신다. 둘째, "폭염을 피하는 그늘" 같다(7절). 환난 중에 늘 돌보신다(시 121편 참조). 셋째, "푸른 잣나무" 같다(8절). 이스라엘이 필요한 열매를 언제나 얻게 하신다.

하나님의 사랑이 얼마나 구체적이며 은혜롭고 풍성한가. 단지 하나님께로 돌아오기만 하면, 이런 '기꺼운 사랑'을 은혜로 받는다(1절). 수송아지나 숫양은 없어도 좋다. 그저 주님께로 돌아와 그 사랑을 찬송하면 된다(2절). 주님의 기쁜 사랑을 받기가 그리 어려운 일은 아닌 것이다.

우리는 깨어 있는 걸까

'요엘'의 뜻은 '여호와는 하나님이시다'이다. 요엘이 선지자로 나서게 된 계기는 가뭄과 더불어 불어닥친 메뚜기 재앙 때문이었다. 심판의 때, 곧 '여호와의 날'에 대한 분명한 조짐을 보면서도 회개를 촉구하지 않는다면, 그것은 선지자는 고사하고 신자의 자세도 아닐 터였다. (* 요엘의 때는 예루살렘 귀환 후로 추정된다.)

요엘이 안타까워한 것은, 깨어 울어야 할 이들이 술이나 즐기고 있는 현실이었다. 백성은 사랑을 잃은 젊은 여인처럼 슬피 울어야 할 때였고(8절), 제사장은 허리에 굵은 베를 동이고 슬피 울어야 할 때였다(13절). 장로들도 온 백성과 함께 금식 성회로 모여 부르짖어야 마땅했다(14절). 그러나 그들 모두는 그러지 않았다. 요엘은 간절한 목소리로 그들에게 도전한다. "너희는 이 일을 너희 자녀에게 말하고 너희 자녀는 자기 자녀에게 말하고 그 자녀는 후세에 말할 것이니라"(3절).

우리야말로 말씀과 세상사를 통해 주님의 뜻이나 때를 깨닫고 있는지, 그래서 이웃과 자녀들이 우리를 통해 봐야 할 겸손과 소망을 제대로 드러내고 있는지…. 공연히 두려워지는 아침이다.

옷보다 마음을 찢어라

'하나님이 하시는 일이구나. 두렵다!' 하고 느껴 본 경험이 있는가? 예언자 요엘은 메뚜기 떼가 휩쓸고 간 들판을 보며 두려움을 느꼈다. 그런 예언자에게 하나님은 환상을 보여 주신다. 메뚜기 떼가 온 땅을 휩쓸어 버리듯 주님이 지휘하시는 군대가 온 세상을 휩쓸며 심판하는 '어두운 날'에 대한 환상이었다(2절).

'만약 지금 경험하는 재난이 심판의 군대에 의한 것이었다면 어떻게 됐을까?' 요엘은 소름 끼치는 상상을 하다가 주님의 음성을 듣는다. "이제라도 금식하고 울며 애통하고 마음을 다하여 내게로 돌아오라"(12절). 요엘은 들은 대로 간절히 호소했다. 예언자의 호소는 통했고, 백성은 철저하게 회개했다. 요엘을 통해 주신 회복의 비전이 놀라울 뿐이다. "이른 비와 늦은 비가 예전처럼 내리고"(23절), "풍족히 먹고 먹고 배부를 것이다"(26절). 주님은 종말론적인 희망까지 약속하셨다. "그런 다음에, 내가 모든 사람에게 나의 영을 부어 주겠다"라고 말이다(28절).

다시 또 어려움은 오겠지만, 이 희망을 가진 성도라면 떨 것 없다. 여호와의 이름을 부르는 자는 누구나 구원을 얻으니 말이다(32절).

여호사밧 골짜기에서

"민족들은 일어나서 여호사밧('주가 심판하신다') 골짜기로 올라올지어다 내가 거기에 앉아서 사면의 민족들을 다 심판하리로다"(12절).

주님이 동원하실 군대를 보라. 전에 심판받았던 백성이다. 주님은 보습을 쳐서 칼을 만들고, 낫을 쳐서 창을 만들어 들게 하고, 병약한 사람도 용사로 세워서 전진하게 하실 것이다(10절).

우리는 이 비전이 이루어졌음을 안다. 오순절에 강림하신 성령의 강력한 비전 잔치를 기억하는가. 성령의 검, 곧 하나님의 말씀으로 무장한 군대가 일어서니 수많은 민족들이 여호와께로 돌아오지 않았는가. 하나님의 새로운 심판은 그렇게 이루어졌다. 지금도 여호와를 의지하고 땅끝까지 가서 성령의 검을 휘두르는 용사들로 인해 하나님의 의의 심판은 계속되고 있다.

우리도 이제는 밥벌이 근성과 욕망의 심보를 쳐서 선교의 창과 성령의 칼, 곧 생명 검(劍)을 준비하자. 우리 하나님을 의지하고, "나는 용사다" 외치며 나아가자. "그러는 동안 유다(우리) 땅은 영원히 있겠고, 예루살렘(교회)도 대대로 그러할 것이다"(20절).

들어야 산다

아모스는 몇 가지 특이한 이력을 가진 예언자다. 남유다 왕국 출신이면서 북이스라엘에서 사역했다. 또한 자신의 이름을 딴 예언문서를 남긴(남기게 된) 최초의 문서 예언자로 여겨진다.

아모스가 예언자로 나섰던 시기의 북 왕국 왕은 여로보암 2세였다. 그는 주전 8세기 중반 40여 년간 이스라엘을 다스리면서 경제적, 정치적으로 번영기를 이루었다. 이런 시절에 남쪽 유다 출신, 그것도 시골 목자 출신의 예언자가 나타나 패망의 심판을 예언했으니, 배부르고 자신감에 차 있던 권력자들이 귀담아들었을 리 만무했다.

심판의 대상은 늘 이웃으로 살 수밖에 없던 다메섹(아람)과 블레셋, 이스라엘과는 형제의 연을 맺었던 두로와 에돔, 그리고 암몬이었다. 공통으로 지적받은 죄목은 무자비한 살육과 인신매매였다. 생명과 인권을 멸시하는 것은 곧 하나님을 대적하는 일이었다. 그런데 그런 풍조로 살아가는 게 이스라엘이라고 예외가 아니었기에, 아모스를 통해 선포된 심판 예언에 이스라엘은 떨거나 뉘우치는 것이 마땅했다. 그러나 그들은 '움찔'도 하지 않았다. 그때나 지금이나 듣지 않음이 문제다.

예외는 없다!

세계의 주인이신 하나님이 다메섹(아람)과 가사(블레셋), 두로와 에돔, 암몬과 모압들에게 유죄를 선고하신다. "내가 용서하지 않겠다!"(1:3~2:3) 주님이 그들에게 따져 물으신 "서너 가지 죄"는, 대개 공의와 자비를 저버리고 사람의 존엄함을 짓밟은 비도덕적인 행위들이었다.

이들과 경쟁하며 살던 이스라엘이, 저들에게 쏟아진 심판 선고를 듣기 싫어했을 리는 없다. 그러나 문제는 하나님이 유다와 함께 이스라엘까지 주님의 법정에 세우셨다는 점이다. 게다가 주님은 심판의 기준마저 강화하셨다. 도덕적인 몰락과 함께 주님과의 언약, 곧 율법을 버린 죄를 따지신 것이다. 율법은 가난한 자를 괴롭히지 말라 했지만(신 15:7~11), 이스라엘은 신발 한 켤레 값에 가난한 이웃을 팔아넘겼다(6절). 게다가 예언자나 나실인이 더는 자랄 수 없도록 박해했다(11~12절). 그렇게 스스로 교정될 기회를 차 버린 것이다. 주님은 그들의 오만을 묵과하지 않으셨다. 이스라엘이기에 오히려 더 엄하게 심판하셨다. 주님은 공의의 하나님이시다. 누구라도 그 법정을 적당히 피해 갈 궁리는 하지 않는 것이 좋다.

그렇게 살지 말자

여로보암 2세는 유례없이 부를 늘리고 영토를 넓혔다. 부자들은 왕을 따라 기후가 좋은 저지대에 겨울 별장을 지었고, 값진 상아 조각품으로 그 집을 꾸몄다. 멸망에 대비해야 한다는 생각은 필요하지 않아 보였다. 그런데 하나님은 아모스를 통해, "내가 너희를 처벌하겠다"라고 하신다. 행정 수도 사마리아, 종교 중심지 벧엘 같은 도시들부터 결딴내겠다고 다짐하신다. 이유는 오로지 '배반의 죄'였다. 다른 건 없었다.

"내가 모든 족속 가운데 너희만 알았는데(2절)"라는 주님의 탄식은 듣기도 민망하다. 아모스도 그랬을까. "사자가 으르렁거리는데 누가 겁내지 않겠느냐. 주 하나님이 말씀하시는데 누가 예언하지 않을 수 있겠느냐" 하며(8절), 변명하듯 고백하니 말이다.

택한 백성에게 늘 성실한 아버지요 남편 같은 주님이신데, 아프게 하지 말자. 살 만하다고 '조강지부(糟糠之夫)'를 버리는 바람난 여인처럼 살아서야 되겠는가. 주님이 지키지 아니하시면, 우리는 아무것도 아니다(시 127:1). '선민'이란 것도 허울일 수밖에 없다.

더는 빈말이 아니다

아모스의 설교다. 주제는 "네 하나님 만나기를 예비하라"다(12절). '하나님을 만난다'는 말은 일반적으로 희망의 메시지다. 그러나 기근과 재해와 전염병을 통해 여러 번 회개와 겸손을 촉구했는데도 듣지 않은 이스라엘 아닌가. 여호와 하나님께 돌아오기는커녕 우상숭배와 탐욕, 사치와 방탕 속으로 이스라엘은 점점 더 깊이 빠져들기만 했다(10절). 그들에게 선포된 '하나님과의 만남을 준비하라'는 신탁은 이제 최후의 심판을 경고하는 무서운 말이었다. '여호와의 심판'이 더 이상 빈말이 아니게 되고 만 것이다(12절). 그런데 구원의 약속도 믿지 못하던 이들이 심판의 경고인들 새겨들었겠는가. 가나안 땅에 들어올 때부터 '마음 준비 부족'이었던 조상들처럼, 이스라엘은 나라가 망하고 민족은 흩어지게 될 심판조차 아무런 준비 없이 맞닥뜨리게 되었다.

하릴없이 한 해의 시간이 지나고 있다. "남은 날을 헤아리는 지혜"(시 90:12)를 구하며 살자. 때가 몹시 수상하니 말이다.

주님을 찾는다는 것

5장의 질문은 '이스라엘이 구원받을 가능성이 있는가'다. 대답 대신 아모스는 짧은 애가를 하나 부른다. "처녀 이스라엘이 엎드러졌음이여 다시 일어나지 못하리로다 자기 땅에 던지움이여 일으킬 자 없으리로다"(2절). 하나님은 정해 두신 선고를 재확인하신다. "이스라엘 중에서 천 명이 행군해 나가던 성읍에는 백 명만 남고 백 명이 행군해 나가던 성읍에는 열 명만 남으리라"(3절).

그럼 이스라엘은 이제 끝난 것일까? 하나님은 당신을 찾으라 하신다. 구원의 가능성이 있다는 말이다. 일단 다행이고, 이제는 '하나님을 찾는다'의 뜻을 곰곰이 생각해 봐야 할 듯하다. "벧엘을 찾지 말며 길갈로 들어가지 말며 브엘세바로도 나아가지 말라 길갈은 반드시 사로잡히겠고 벧엘은 비참하게 될 것임이라 하셨나니 너희는 여호와를 찾으라 그리하면 살리라 …"(5~6절).

전통적인 성소의 지명들이다. 하나님을 찾는 것과 성소 순례는 다르다는 뜻이 아닌가. 하나님이 바라시는 '주님을 찾다'의 힌트는 하나님의 책망에서 분명히 드러난다. "정의를 쓴 쑥으로 바꾸며 공의를 땅에 던지는 자들아"(7절).

불의와 교만의 끝

이스라엘의 기득권층은 '그렇게 해서는 안 될 일'까지 마구 저질 렀다. "정의를 쓸개로 바꾸며 공의의 열매를 쓴 쑥으로 바꿔" 버렸 고, 그러고도 "흉한 날(멸망의 날)은 멀다"고 떠들며 온갖 사치와 방 탕으로 낮밤을 지새웠다.

그러나 언제까지 그럴 수는 없는 일이었다. 상아 상에 누워 명품 음식과 술로 배불리고, 명품 화장품으로 멋을 내며, 스스로 명품 백 성인 척 거들먹거리던 그들을, 의로우신 하나님은 사로잡힌 자들의 '첫자리'에 두겠다고 하신다(7절). 의로우신 주님이 계시는 한, 불의 와 교만의 끝은 늘 그래야 맞다.

주님께 교만하고 불의하기가 어찌 아모스 때뿐일까. 사람의 제일 된 도리는 겸손히 하나님과 동행하는 삶인데, 그래서 공법을 세우 고 정의의 열매를 나누며 살아야 하는 건데… 우리가 그동안 뒤집 어 놓은 법과 정의는 어떻게 바로 세워야 할까. 우리의 교만과 불의 는 또 어찌해야 할까.

주님의 뜻은 정해졌다

하나님은 아모스에게 여러 개의 환상을 보여 주신다. 첫째는 메뚜기 떼가 들을 덮는 환상이다. 아모스는 굶주려 죽게 될 백성이 안타까워 간구했고, 하나님은 뜻을 돌이키셨다. 둘째는 큰 불이 바다와 뭍을 마르게 하는 기근에 대한 환상이다. 아모스는 백성이 불쌍해서 간구했고, 하나님은 또다시 뜻을 돌이키셨다. 셋째는 다림줄에서 너무 벗어나 버린 성벽(담)이 무너지는 환상이다. 아모스는 더이상 간구하지 않았다. 그리고 하나님도 "다시는 용서하지 않겠다"라고 하셨다. 산당과 성소들, 그리고 북 왕국의 왕가를 '반드시 무너뜨리겠다!' 다짐하시는 주님의 심판 의지를, 이젠 누구도 돌이킬 수없게 된 것이다.

그런데 길흉화복이나 점치며 밥벌이하던 어용 예언자들에게는 이렇게 심판의 환상만 전하는 아모스가 눈엣가시였다. 더군다나 아모스는 남유다의 시골뜨기 농사꾼이 아닌가. 겨우 그런 자의 '망발'로 왕국이 혼란하다는 건 견딜 수 없는 일이었다. 결국 벧엘의 제사장 아마샤는 아모스를 유언비어 죄로 모함해서 쫓아냈다. 이래저래 이스라엘은 죄만 더하고 말았다.

책망이라도 하실 때가

아모스가 본 넷째 환상은 "여름 과일 한 광주리"였다. 히브리말에 '과일'과 '끝'은 발음이 비슷하다. 무르익은 과일의 환상은 이스라엘의 끝이 다가오고 있다는 뜻이었다. '신발 한 켤레 값'에 가난한 이들을 팔고 사는 시대에, 사람들은 더 이상 하나님께 귀 기울이지 않았고 하나님도 침묵하셨다. 여호와 하나님의 말씀을 들을 수 없는 기갈의 시대가 된 것이다. 주님의 약속도, 책망의 말씀도, 그리고 위로의 음성도 더 이상 들리지 않았다. 어쩌면 심판은 주님의 침묵과 함께 이미 시작된 셈이다. 주님이 책망이라도 하실 때가 아직 자비의 때였던 것이다.

고등학교 3학년 때, 믿음을 잃고 방황하는 친구를 위해 수련회에 참여했던 네 명의 친구들이 있었다. 열심히 기도했지만 변할 줄 모르는 친구가 너무 안타까워서 마지막 날 네 친구는 그 한 친구를 흠씬 패 주었단다. 한참을 그러다 보니 때리는 친구들이나 맞는 친구나 다 울고 있더란다. 변화는 그렇게 왔다고 했다. 때로는 아픈 방식의 사랑이 사람을 깨우기도 하는 것이다.

우리를 책망하는 말씀이 들리는 오늘이, "은혜 받을 만한 때요 구원의 날"이다(고후 6:2).

희망을 만드는 사람

　다섯째 환상도 역시 피할 수 없는 주님의 심판에 관한 것이다. "…
그중에서 한 사람도 도망하지 못하며 그중에서 한 사람도 피하지
못하리라"(1절). 선민 이스라엘도 이제는 주님의 심판에서 예외일
수 없다는 것이 분명해졌다(7절). 그래도 주님은 이스라엘을 향해
"온전히 멸하지는 않겠다"라고 약속하신다(8절). 심판이라고 해서,
그것이 주님의 사랑과 자비를 지우는 건 아니라는 뜻일 것이다. 심
판을 통해 오히려 새로운 구원의 때가 빨리 임할 수 있으니 말이다.
"그날에 내가 다윗의 무너진 장막을 일으키고 그것들의 틈을 막으
며 그 허물어진 것을 일으켜서 옛적과 같이 세우고"(11절).

　희망은 이렇게 심판을 통해서도 온다. 모든 게 끝난 것 같고, 다시
는 일어설 수 없을 것 같은 자리에 희망이 찾아온다. 오늘도 마찬가
지다. 그러므로 어떤 형편에서라도 낙심하지 말고 희망하는 것이
믿음이다. 섣불리 나의 미래를 단정 짓지 말자. 누구든 하나님께 희
망을 두면, 새 희망을 만들 수 있다. 그 희망으로 살자.

미운 이가 환난을 당할 때

오바댜서는 에돔 민족에 대한 하나님의 심판을 예고하고 있다. 에돔은 에서의 후손으로서 이스라엘과는 사실 형제간인 민족이었다. 그들은 본래 하나님을 알았지만 언제부턴가 우상을 섬기는 민족으로 살고 있었다. 강력한 군사력과 경제적인 부(富)가 저들의 이상이자 우상이었다. 이것 때문에 형제 이스라엘을 괴롭게도 했고, 이스라엘이 다른 나라에게 침략을 당할 때면 손뼉을 치며 노략질을 일삼기도 했다. 형제의 불행을 틈타 제 이득을 챙기는 못된 심보를 드러냈던 것이다. 이런 에돔이 주님의 심판을 피할 가능성은 없었다. 하나님이 이스라엘을 편애하셔서가 아니다. 온 세계의 홀로 주(主)이신 하나님은 오직 공의로 통치하시는 분이기 때문이다.

하나님은 이웃 민족의 환난 때에 박수를 치거나 제 이득만 챙기는 야비한 족속들을 좌시하지 않으신다. 그리고 그분은 지금도 온 세상의 주님이시다. 우리가 종종 잊고 사는 것이 문제일 뿐이다.

이웃이 환난을 겪을 때, 그들이 밉다고 통쾌해하거나 조롱하지 말자. 온 세상의 주님을 안다면, 잠잠히 자신을 돌아보며 그들을 불쌍히 여기는 게 그 앎에 합당하지 않겠는가.

예언의 비전은 선교다

오바댜가 이웃 민족 에돔을 향한 주님의 심판을 선포한 것과는 대조적으로, 요나는 다른 이웃, 그것도 이스라엘을 괴롭힌 앗시리아의 성읍 니느웨를 향한 하나님의 구원 의지를 선포한다. 아니, '선포할 수밖에 없었다'는 표현이 맞다. 요나는 원수들에게 회개와 구원의 기회를 주고 싶지 않아서 도망쳤던 예언자이기 때문이다. 아무튼 덕분에 우리가 깨달은 것이 많다. 주님의 자비는 '선민'에게 한정된 것이 아니라는 점, 특정 진영에 속했다고 무조건 저주나 구원을 받는 것은 아니라는 점, 그리고 예언운동의 궁극적인 비전은 세계 만민을 향한 하나님의 선교라는 점 등이다. 그렇다면 선교를 위해 부름받은 공동체는 모든 이해관계를 넘어 '땅끝까지의 선교'를 미션으로 삼아야 하지 않을까. 거기서부터 교회의 참 예언자적인 행보는 가능해질 것이다.

깨달은 것이 하나 더 있다. 우리가 겪는 풍랑은 누군가 예언자의 사명을 회피한 탓일 수 있다는 점이다. 만일 그렇다면, 하나님의 선교라는 비전을 붙들고 '세상 끝'과 '니느웨'로 나아간 선교사들이 얼마나 고맙고 귀한가. 오늘 우리가 누리는 이만한 평화도 그들의 덕일 수 있다.

순종이 상책이다

여호와의 말씀이 두 번째로 요나에게 임했다. "일어나 저 큰 성읍 니느웨로 가서 내가 네게 명한 바를 그들에게 선포하라"(2절). 처음과 동일한 분부다. 마치 배구 경기에서 스파이크 공격에 실패한 선수에게 세터가 다시 토스를 올리는 경우와 흡사하게 되었다. 세터의 토스는 '네가 실패를 딛고 이겨 내야만 이 경기를 가져올 수 있다'는 무언의 격려이자, 재시험의 압박인 셈이다. 정답이 '순종'인 시험 말이다.

요나는 순종했다. 결과에 대해서는 더 이상 판단하지 않기로 한 듯하다. 그저 니느웨로 가서 "사십 일이 지나면 이 성읍은 무너진다!"(4절)라고 하루 종일 외치기만 했다. 사실 그것이 순종이다. 니느웨에서 어떤 일이 일어나든 그건 오롯이 니느웨 백성과 주님의 몫이다. 순종의 시험을 치르는 자가 결과까지 책임질 필요는 없다. 섣부른 판단은 교만인 경우가 많다.

누구든 갈 길이 칙칙하고 불확실하다 싶으면, 주님의 말씀을 붙들고 묵묵히 순종해 보자. 머리 굴려 결과를 속단하는 건 믿음이 아니란 것을 명심하면서.

내가 변하는 게 옳다

자신이 심고 가꾼 것도 아니면서, 박 넝쿨이 시든다고 짜증을 낸다. 그늘이 없어졌으니 뙤약볕에 죽겠다며 생떼를 쓴다. 미운 일곱 살이 아니라 선지자라는 자가 하는 짓이다. 그의 마음은 불만으로 가득 차 있다. '물러 터진 주님이 저 니느웨 원수 놈들을 용서하실 줄 알았다니까!'

즈님은 그런 요나에게 달래듯 물으신다. "네가 수고도 아니하였고 재배도 아니하였고 하룻밤에 났다가 하룻밤에 말라 버린 이 박 넝쿨을 아꼈거든 하물며 이 큰 성읍 니느웨에는 좌우를 분변하지 못하는 자가 십이만여 명이요 가축도 많이 있나니 내가 어찌 아끼지 아니하겠느냐"(10~11절).

하나님은 열방과 만백성을 지으신 분이다. 게다가 "은혜로우시며 자비로우시며 좀처럼 노하지 않으시며 사랑이 한없는 분이셔서, 내리시려던 재앙마저 거두실" 분이다(2절). 그렇다면 같은 은혜로 '선민'이 된 '요나들'이 불만을 거두는 것이 옳다. 더군다나 요나는 주님의 눈으로 세상과 사람을 보겠다고 나선 '선지자' 아닌가. 우리도 그런 선민이고 선지자다. 그렇다면 내 뜻대로 안 된다고 화만 내지 말고, 내 생각을 바꿔야 할 일은 아닌지 성찰하는 것이 옳다.

들개처럼 타조처럼

미가는 유다 출신이고 이사야와 같은 시대의 문서 예언자다. 그의 예언은 주로 유다를 향하고 있지만, 사마리아(북 왕국)를 향한 것도 있다(2~7절). 그는 강한 어조로 두 왕국 모두 하나님을 떠나 우상숭배와 탐욕, 부패와 타락이 만연한 사회가 되었다는 것을 비판한다. 그런 메시지 속에는 앞선 예언자 아모스와 마찬가지로 작은 이들의 고난에 관한 이야기가 많이 들어 있다. 아마도 미가나 아모스가 작은 시골마을 출신이어서 가능했을 것이다.

이런저런 이유로 미가가 애쓰며 전한 것은 불의한 사회와 가식으로 변질된 예배에 대한 하나님의 분노, 그리고 심판의 임박성과 엄정함에 관한 것들이다. 그는 이런 메시지를 매우 인상적인 모습으로 전한다. 곧 벌거벗은 몸으로 행하며, 들개처럼 애곡하고 타조처럼 애통한다(8절). 이는 "그 [사마리아의] 상처는 고칠 수 없고 그것이 유다까지도 이르고 내 백성의 성문 곧 예루살렘에도 미쳤기 때문"(9절)이라고 미가는 설명한다.

그만한 영적 감수성과 열정(pathos)이 있었기에 예언자로 산 것이 아닐까. 스스로 묻게 된다. 나에게는 예언자처럼 울 수 있는 열정이 있는가.

구원을 위한 징벌

10대를 잇는 약 300년 동안 '사방 백리 안에 굶어 죽는 자가 없게 하라'는 가훈으로 산 가문이 있다. 경주 최 부잣집이다. 대체로 흉년은 가난한 이들에겐 죽음과 같은 시기지만, 부자들에겐 오히려 부를 키울 기회가 된다. 그러나 최 부잣집은 흉년 때 곳간을 헐고 큰 솥에 죽을 쑤어 배고픈 이들을 살려냈다. 빚 담보 문서들은 아예 없애 버렸다. '돈을 갚을 사람은 이런 게 없어도 갚을 것'이라고 믿었기 때문이다. 가히 '노블리스 오블리제'의 표상답다.

그런데 유다의 귀족들은 자신들의 부와 신분(노블리스)을 지키려고 잠자리에서 궁리한 음모를 아침 댓바람에 실행하곤 했다(1절). 신분에 맞는 도리(오블리제)는 헌신짝처럼 내던진 듯 살았다. 주님은 그들을 향해 진노하셨다. "내가 너희를 알거지로 만들고 말겠다"(4~5절), "너희는 내 백성을 원수같이 다루더구나. 평화롭게 사는 백성을 덮치고 마음 놓고 지나가는 백성을 전쟁 포로인 양 옷을 벗기더구나. 그러고도 망하지 않을 줄 아는 게냐?"(8~10절 요약)

이들의 시대는 망해야 했다. 구원의 새 시대를 열기 위해서라도 그래야만 했다(12~13절).

보험은 없다

모두가 썩었다. 정치 지도자라는 이들은 백성의 살을 뜯어먹고, 종교 지도자라는 이들은 거짓평화를 외치면서 백성을 미혹했다. 그나마 '입에 뭔가가 들어와야' 그 짓도 했다(5절). 재판관과 교육자라는 이들은 뇌물이 없으면 재판도 교훈도 하지 않았고, 한다 해도 이미 공의를 버리고 정직을 미워하는 자들이니 제대로 할 리도 없었다. 총체적 부패였다(11절). 그러니 아무리 '예루살렘'(평화의 도시)이라 할지라도 갈아엎을 수밖에 없다고 주님은 선고하신다(12절).

충격적인 선고였다. 썩은 모습으로 살망정 유다인들에게 예루살렘과 성전은 보험과 같은 존재였다. 예루살렘은 무너지지 않을 것이고, 유다 왕국은 길이 보전될 것이라는 믿음은 상식에 가까웠다. 그런데 갈아엎는다니, 유다 백성으로는 상상도 못할 일이었다.

우리도 착각하지 말아야 한다. 죄를 덮어 줄 보험은 없다. 독일 어느 작은 도시에서 '벼락 맞은 교회'를 본 적이 있다. 불에 타다 남은 흔적을 보는 건 당혹스러운 일이었지만, 민망한 그 현장을 보존하는 이유는 짐작할 만했다. 우리도 웬만하면 벼락 맞기 전에 회개하는 게 상수다.

반드시 그날은 온다

시온산이 우뚝 서서 세상 평화의 중심이 되리라는 비전은 읽기만 해도 기분이 좋다(1~4절). 거의 비슷한 말씀을 이사야도 전하는 것을 보면(사 2:1~5), 이 시기 예언자들은 이런 소망과 비전을 붙들고 기도했던 것 같다.

"그날이 오면", 열방과 민족들이 시온으로 찾아와서 '주님의 길'을 배우며 그 길을 따르자고 할 것이다. 그들이 율법과 말씀을 가지고 세상을 섬겨서일까. 민족들 사이의 분쟁이나 열강 사이의 갈등은 주님의 판결을 따라 해결될 것이다. 나라마다 싸움으로 문제를 해결할 필요가 없으므로 "칼을 쳐서 보습을 만들고 창을 쳐서 낫을 만들 것이며"(3절), 아예 군사 훈련도 하지 않을 것이다. 사람마다 자기 포도나무와 무화과나무 아래 앉아서 평화롭게 사는 태평성대가 올 것이다(4절).

기도할 소망이 생기지 않는가. 주님의 약속이 교회들을 통해 이루어지도록 기도하자. '주님, 그날을 이루소서. 비틀거리며 살아가는 시절도 잘 견디도록 도우소서. 그리하여 온 세상에 의와 평화의 하나님 나라가 임하는 비전을 힘 있게 증언하게 하소서.'

평화의 왕이여 오소서!

평화의 나라는 평화의 왕이 나타나 다스릴 때 비로소 이루어질 것이다. 태초부터 존재했던 메시아, 평화의 왕은 다윗처럼 작은 고을 베들레헴에서 나겠지만, 다윗 왕가를 극복할 것이다. (*2절 '베들레헴 에브라다'는 '에브랏' 집안의 거주지란 뜻이고, 다윗의 후손인 왕들을 비판하기 위해 언급된 표현이다.)

메시아가 의지하는 것은 무엇인가. 세상의 지혜나 돈, 요새나 병거, 우상이나 복술이 아니다. "하나님의 능력과 그 이름의 위엄"(4절)이다. 오직 그것만으로 메시아는 온 세상을 평화로 다스릴 것이다. 그렇다면 그 좋은 나라의 백성은 누구일까. 이미 다윗이 노래했다. "주님, 누가 주님의 거룩한 산에 서겠습니까. 깨끗하고 정의로운 사람, 진실한 사람, 남의 허물을 들추거나 친구에게 해를 끼치지 않는 사람, 이웃을 모욕하지 않는 사람, 주님을 업신여기는 자를 경멸하고 주를 두려워하는 자를 존경하는 사람입니다. 맹세한 것은 해가 되어도 지키며, 높은 이자를 위해 돈을 꾸어 주지 않고, 무죄한 사람을 해칠세라 뇌물을 받지 않는 사람입니다"(시 15편 요약).

메시아의 통치에 순종하는 사람은 이렇게 산다. 주님, 저들을 축복하소서!

주님이 요구하시는 것

소나 양을 태우는 제물 냄새에 취하여 자기 백성의 불의한 길을 못 본 척한다면, 그런 신은 공의의 하나님, 여호와일 수가 없다. 마찬가지로 온갖 불의를 저지르면서도 자기 하나님을 "천천의 수양과 만만의 강수 같은 기름"으로 달랠 수 있다고 믿는다면, 그런 이들이 하나님의 백성일 수는 없다.

처음 독일에 갔을 때, 거리마다 이정표처럼 서 있던 글판이 인상적이었다. 거기에는 "사람아, 주께서 선한 것이 무엇임을 네게 보이셨다"(8절)라는 성구가 쓰여 있었다. 그해 독일교회는 이 말씀을 주제로 〈교회의 날〉 행사를 치르고 있었다. 그 여행 이후, 이 8절 말씀은 내게도 이정표가 되었다. 개혁자 루터는 이 구절을 해설하면서, '하나님의 말씀을 지키는 것이 믿는 것이요, 사랑하는 것이요, 고난당하는 것이다'라는 적절한 해설을 덧붙였다. 맞는 말이다. 주님이 자기 백성에게 요구하시는 것은 많은 종교 행사나 성공과 성취의 증표가 아니다. "오로지 [말씀대로] 공의를 실천하며, 인자를 사랑하며, 겸손히 자기 하나님과 함께 행하는 것"뿐이다(8절).

심판도 희망이다

제철이 지난 과일은 먹고 싶어도 구하는 게 어려운 것처럼, 미가는 하나님의 말씀을 곧이듣고 순종하는 사람들을 찾았지만 헛일이었다고 탄식한다. 이제 남은 희망은 심판을 받아 무너지는 것뿐이었다. 그렇게 해서라도 다시 시작할 수 있다면, 심판도 분명 은총일 것이기 때문이다. 하나님은 심판하실지언정 포기하지 않는 분이다. 그러므로 주님의 심판은 분명 희망도 된다. 이를 깨달았기에 미가는 탄식하며 심판을 선포하는 중에도 찬송할 여유를 찾았다.

"주와 같은 신이 어디 있으리이까 주께서는 죄악과 그 기업에 남은 자의 허물을 사유하시며 인애를 기뻐하시므로 진노를 오래 품지 아니하시나이다"(18절).

우리 지구촌도 심판만이 희망인 때를 맞은 것은 아닐까. 돌이킬 기회는 남아 있는 것일까. 어쨌든 겸손해져야 한다. 마음을 찢어 회개하는 일은 아무리 서둘러도 빠르다고 할 수 없다. "주님, 야곱에게 성실을 베푸시며 아브라함에게 인애를 더하시듯"(20절), 우리를 불쌍히 여겨 주소서.

주님이 위로하셨다

니느웨, 곧 앗시리아는 백 년 남짓 중동의 역사를 이끌어 가던 큰 나라였지만 매우 강포했다. 그들의 수탈로 인해 많은 약소민족들은 힘든 생존을 해야 했다. 유다도 예외는 아니어서 조공을 바치며 근근이 버텨 내고 있었다. 문제는 하나님이 악한 자들과 그들의 악을 그냥 내버려두시는 것처럼 보였다는 점이다. 고난 중에도 믿음을 지키며 살던 이들에게는 이 문제가 풀기 힘든 수수께끼로 다가왔다. 그렇다고 하나님의 주권을 의심하며 힘세고 포악한 적들과 타협하는 것이 해결책일 수는 없었다(9절).

선지자 나훔은 고난 중에 믿음을 지키는 이들에게 자신의 이름으로 다가간다. '나훔'은 '위로' 또는 '주님이 위로하셨다'란 뜻이다. 그런데 위로는 그저 안심시키는 정도가 아니라, 괴로움으로 가득 찬 상황을 변화시키는 것을 포함한다. 주님은 환난 중에 인내하는 이들에게 자비를 베푸시고 기꺼이 그들의 산성도 되어 주시지만, 악한 힘을 행사하며 하나님을 대적하는 이들에게는 진노하고 보복하신다(2~6절). 잊지 말자. 악한 힘 앗시리아는 결국 망했고, 수수께끼로 힘겨워하면서도 믿음을 지켜 낸 자들은 마침내 위로를 받았다(12절).

'크기'에 대한 자유

크고 강하게만 보이던 니느웨도 무너질 날이 온다. 더 크고, 더 강한 나라를 만나서가 아니다. 하나님께서 저들의 대적으로 나서셨기 때문이다(13절). 웅장하던 성은 무너지고, 왕족들은 수치를 당할 것이며, 은금은 노략질을 당하고, 위세를 떨치던 용사들은 적에게 죽임을 당할 것이다. 그리하여 니느웨는 소생불능의 성이 되고 말 것이다. 그리고 이 소식을 평화의 복음으로 듣게 될 날, 유다는 감사의 절기를 지키며 주님께 서원한 제물을 드리게 될 것이다(1:15).

역사를 보면, 개인이든 나라든 크고 강해지면 교만해져서 하나님을 대적한 경우가 많다. 그러나 그들은 결국 다 망해서 주님을 대적한 채로 승승장구할 수는 없다는 사실을 증언할 뿐이다. 크고 강한 것과 주님의 주권은 차원이 다른 이야기다. 큰 나라와 큰 민족, 큰 권력과 큰 자본, 그리고 큰 교회와 큰 공동체를 추구하는 자들은 나훔의 예언을 통해 분명히 깨달아야 한다. 크기나 힘으로 주님과 대적하면 크게 망한다는 것을 말이다. 무엇보다 크기로부터 자유로워야 한다. 그래야 큰 책임과 큰 사명을 감당하고도 겸손할 수 있다.

영생에 이르는 지혜

니느웨가 비참하게 무너진다. 한때 이집트의 왕도인 노아몬(테베, 지금의 룩소르)까지 넘어뜨렸던 힘이었는데 말이다. 사람들은 시체에 걸려 넘어지고, 우상의 집들은 하찮은 마술이 끝난 후처럼 허망하게 무너져 내린다. 메뚜기 떼처럼 우글거리던 군대도 추운 날 찬바람에 다 날아가 버린 듯 눈에 띄지 않는다. 성안의 아이들은 길바닥에 메어침을 당해 죽어 가고 있다.

니느웨는 주전 612년에 바벨론과 메데 사람들에게 이렇게 파괴되었다. 나훔이 "네 상처는 고칠 수가 없다"(19절)라고 예언한 것처럼 다시는 일어서지 못했다. 한때는 화려한 마술쇼의 주인공처럼 조명을 받으며 살았지만, 망하고 나니 그들의 모든 성취는 먼지처럼 흩어져 버렸다. 주님이 외면한 힘의 끝은 이처럼 허무할 뿐이다.

우리의 건강과 인기와 가능성도 언젠가는 다 지나간다. 그날에 우리의 희망은 무엇일까. 변함없는 사랑으로 "안아 주고 품어 주며 구원해 주실"(사 46:4) 하나님께 안겨 있는 것 아닐까. 그렇다면 오늘 우리의 모든 것은 주님을 향해 있어야 한다. 그것이 영생에 이르는 지혜다.

번민하며 묻는 이들

하박국이 활동하던 시대를 정확히 알 수는 없다. 다만 북이스라엘에 대한 언급이 없고 유다를 위협하는 세력이 갈대아 사람인 것으로 보아, 예레미야와 비슷한 시대였을 것으로 짐작할 뿐이다.

하박국은 번민한다. 우선은 하나님의 백성이란 자들의 뻔뻔함 때문이다. 그들은 온갖 불의와 부조리를 동원하며 이기적인 풍요에 집착한다. 의인과 빈민을 학대하면서도 죄책을 알지 못한다. 그래서 하박국은 주님께 하소연한다. 간구해도 듣지 않으신다고 항의도 한다. 그렇게 해서 듣게 된 주님의 대답은, 패역한 이스라엘을 심판하기 위한 도구로 갈대아(바벨론)가 이미 준비되었다는 것이다. 그러나 그 대답은 예언자를 더욱 번민하게 한다. '주님의 백성을 갈대아가 심판한다고? 고작 갈대아가?'

선지자는 번민하는 사람이며, 또한 질문하는 사람이다. 그리고 주님의 답이 무엇이든 거기서부터 생각과 행동을 교정하고 주님의 뜻에 순종하는 사람이다. 다 아는 듯 떠들거나 상투적으로 전통만 답습하는 것으로는 선지자적 영향력이 나타날 수 없다. 주님은 지금도 번민과 질문을 안고 주님을 찾는 이들을 기다리신다. 그들이 참된 선지자이기 때문이다.

의인은 믿음으로 산다

하필이면 바벨론이냐는 하박국의 질문에, 하나님은 "오직 의인은 믿음으로 말미암아 산다"는 답을 주신다(4절). 그리고 그 답을 판에 글로 새겨서 성전을 드나드는 모든 이에게 묵시가 되게 하라고 명하신다(2, 3절).

주님은 자기 백성이라고 봐 주지 않으신다. 심판의 도구로 사용한 민족이 지닌 흠이라고 해서 대충 눈감아 주는, 그런 불의한 신도 아니다. 오히려 공의의 하나님이시다. 그러므로 그런 주님을 존중하는 백성이라면('의인'), 주님이 하시는 일의 결국을 다 알지 못해도 주님은 공의롭다는 믿음을 포기하지 말아야 한다. 그리하지 않으면, 모든 것이 부조리하다고 불평하며 술이나 퍼마시고, 억지로 합리화하고, 하나님도 소용없다며 허세를 부리고… 그러다가 시험에 빠져 헤어나지 못하게 되기 쉽다. 오직 믿음으로 사는 사람만이 바벨론의 불의한 힘과 탐욕과 위세에 눌리지 않고, 오히려 풍자와 시로 비웃으며 환난의 때를 구원으로 살아낼 것이다.

질문이 자꾸 생기는 세상이다. 회피하기보다 힘써 묻자. 믿음으로 묻는 자는 살 것이다.

세상이 모를 즐거움

하나님의 뜻을 안다는 것은 두려운 일이다. 하박국이 주님의 대답을 듣고 "놀랐다"(2절), "입술이 떨린다"(16절)라고 한 이유다. 그는 주님이 행하실 심판이 얼마나 공의롭고 엄정할지 알게 되자 더 이상 질문하지 않는다. 다만 두려움과 떨림으로 기도한다. "여호와여 주는 주의 일을 이 수년 내에 부흥하게 하옵소서 이 수년 내에 나타내시옵소서 진노 중에라도 긍휼을 잊지 마옵소서"(2절). 이렇게 하박국은 세상의 죄악에 대한 하나님의 진노를 두려워하면서도 심판이 신속하게 이루어지기를 바라게 되었다. 그래야 회복과 새로운 부흥을 희망할 수 있기 때문이었다.

한편, 주님의 뜻을 안다는 것은 찬송할 일이기도 하다. 현실은 비록 다 빼앗기고 남은 것이 없는 듯해도(17절), 주님의 응답을 듣는다는 것은 얼마나 대단한 일인가. 더군다나 주님의 구원 약속의 성취가 그 답이라면 얼마나 좋은가. 아직은 달라진 것이 없어 보여도, 사실은 모든 게 달라진 것이다. 이제 주님의 뜻을 알게 된 사람은 사슴처럼 가는 다리로도 문제투성이 바위들을 뛰어넘으며 살게 될 것이다(19절). 주님 안에는 세상이 모를 즐거움이 있다(18절).

그 입을 다물어라

"주님께서 심판하시는 날이 다가왔으니, 주 하나님 앞에서 입을 다물어라…"(7절, 새번역).

므낫세는 히스기야의 개혁을 물거품으로 만든 왕이다. 그는 개혁과 회개를 외치는 목소리를 무자비하게 짓눌러 버렸다. 그래도 예언자 스바냐는 '여호와의 날', 곧 심판의 날이 가까이 오고 있다고 외친다. 히스기야 왕의 현손답다. 변명할 때는 지났다. 희망을 말할 시기도 놓쳤다. 할 수 있는 건, 입 다물고 기다리는 것뿐이다. 온 세상과 유다와 예루살렘을 심판하시는 하나님이 '여호와의 날'에 약간의 자비라도 베풀지 않으실까 기대하면서 말이다.

시인 백무산은 '침묵'이란 시에서, 나무를 보거나 바람을 만날 때 먼저 말을 건네지 말라고 한다. 산을 만나거나 물을 만나도 입 다물고 있으라 한다. 먼저 그들이 속삭이는 소리를 들으라는 것이다. 하물며 주님이 말씀하시는데, 그것도 '심판 날'을 이르시는데 객쩍게 투덜거리기나 하는 건 사람 같지 않은 짓이다. 우리도 말이 너무 많다. 남의 말을 들을 새가 없다. 기도할 때도 말만 한다. 도무지 듣지를 않는다. 대화도 기도도 그 기본은 듣는 것이 아닌가.

세월이 날아가기 전에

심판을 예고하시는 주님의 본뜻은 '벌주기'가 아니라 '구원하기'다. 그것을 알았던 예언자는 간절히 호소한다. 수치를 모르는 자도, 주님을 따르는 겸손한 자도 다 모여서 주님을 찾자고 말이다(1~3절). 더군다나 시간도 얼마 남지 않았다. 회개의 유효기간이 바람에 날리는 겨같이 빨리 지나갈 것이다. 그러니 이제라도 겸손하게 살려고 애써야겠지만, 늦었을 수도 있다. 그것이 절대적인 구원을 약속하지 못하는 이유이기도 하다("행여 화를 피할 수 있을지도 모른다", 3절, 새번역).

블레셋, 모압, 암몬, 구스, 그리고 앗수르를 심판하신 주님이 유다 족속이라 해서 그냥 넘기실 리는 없었다. 참회 행사 같은 것이 필요하다는 말이 아니다. 필요한 것은 다윗이 알았던 진짜 회개였다.

"주께서는 제사를 기뻐하지 아니하시나니 그렇지 아니하면 내가 드렸을 것이라 주는 번제를 기뻐하지 아니하시나이다 하나님께서 구하시는 제사는 상한 심령이라 하나님이여 상하고 통회하는 마음을 주께서 멸시하지 아니하시리이다"(시 51:16~17).

남은 자 그리고 해방

하나님의 진노를 피해 도망치는 게 구원의 길은 아니다. 훗날 요한이 요단강에 나타나 세례를 베풀 때, '독사의 자식들'은 구원의 길을 찾아 요단강으로 몰려왔다. 그러나 요한은 그들에게 도망갈 길을 가르치지 않았다. "회개에 합당한 열매를 맺으라"고 외치면서 책임과 변화를 촉구했다(마 3:8).

우리는 간혹 주님이 상한 가지나 쳐 주시길 바라지만, 주님은 아예 밑동까지 베어 버리기를 원하실 때가 있다. 그래야 끝장난 것 같던 나무의 그루터기에서 '남은 자'의 비전이 싹터 오를 수 있기 때문이다. 그 남은 자들은 심판을 피하지 않고 고스란히 받아 낼 만큼 온순하고 겸손하다(12절). 회개에 합당한 열매를 맺듯 "나쁜 일도, 거짓말도, 간사한 짓도 하지 않는다"(13절).

그런 날이 오면, 사람들은 그게 해방이란 사실을 깨닫고 축하하며 노래할 것이다. "… 시온아, 두려워하지 말아라. 힘없이 팔을 늘어뜨리고 있지 말아라. 주 너의 하나님이 너와 함께 계신다. 구원을 베푸실 전능하신 하나님이시다. 너를 보고서 기뻐하고 반기시고, 너를 사랑으로 새롭게 해주시고 너를 보고서 노래하며 기뻐하실 것이다"(16~17절. 새번역).

우선순위의 신비

포로생활을 하던 유다인들이 돌아와 성전을 재건하는 시절이 왔다. 학개의 예언은 그 시절을 배경으로 한다. 바벨론을 무너뜨린 바사 왕 고레스는 유다인들에게 고향 땅으로 돌아가 성전을 재건하고 신앙 공동체를 이루어 살도록 허락했다(스 1장). 그래서 돌아온 유다인들은 무엇보다 먼저 파괴된 성전을 다시 세우고자 했다. 그러나 생존의 부담과 정치적인 어려움 때문에 공사는 중단되고 말았다. 이때 등장한 예언자가 학개와 스가랴다. 학개는 상황이 어려워 성전을 짓지 못하는 것이 아니라, 성전을 짓지 않았기 때문에 어려운 상황에 처했다는 해석을 내놓으며 영적 각성운동을 일으켰다. 성전 재건은 단순한 건축공사가 아니라 이스라엘의 삶의 중심에 신앙을 세우는 영적 개혁공사였던 것이다.

우선순위가 중요하다는 것을 다시 한 번 깨닫는다. 상황은 언제나 핑곗거리가 되기 쉽다. 중요한 것은 상황을 내려다볼 수 있는 신앙이 있느냐 하는 것이다. 신앙의 반석에 굳게 서면 상황을 뛰어넘는 길도 보이는 법이다.

그건 열등감이다

용기를 얻은 백성은 스룹바벨을 중심으로 성전 재건 공사를 다시 시작했지만, 한 달이 채 못 되어 공사는 또다시 중단되었다. 새 성전의 위세가 솔로몬의 성전과 비교도 안 될 만큼 초라해 보이는 것이 문제였다. 이전 솔로몬 성전의 위용을 기억하고 있던 이스라엘의 원로들은 스룹바벨 성전의 기초가 예전만 못한 것을 보며 슬픔과 실망 속에 빠져들었다. 그들은 하나님의 영광이 이스라엘을 떠나버린 것이 아닌가 하는 의구심마저 가졌다.

"힘을 내라!"(4절)는 학개의 두 번째 설교는 그래서 필요했다. 학개는, 주님의 은혜를 받는 데에는 크고 화려한 외형적 조건보다 주님을 의지하는 진실한 믿음이 중요하다고, 그것이면 충분하다고 힘써 증언했다. 하나님도 크기와 상관없이 "새 성전의 나중 영광이 이전 영광보다 크리라. 내가 이곳에 평강을 주리라"(9절)고 약속하셨다. 다시 힘을 내서 기쁨과 소망으로 일하라는 격려도 하셨다.

당신은 어떤가. 사람의 눈에 좋아 보이는 조건을 따라 울고 웃는가, 아니면 하나님의 눈에 사랑스러운 믿음의 길을 묵묵히 가는가. 크기와 화려함의 콤플렉스에서 벗어나는 하루가 되기를 바란다.

약속과 회개의 만남

하나님께서 이스라엘에게 다가오시는 통로가 '약속'이라면, 이스라엘이 하나님께 나아가는 통로는 '회개'였다. 그래서 하나님은 이스라엘의 회복이라는 약속을 이루시려고 이스라엘을 부르신다. "너희는 내게로 돌아오라 만군의 여호와의 말이니라 그리하면 내가 너희에게로 돌아가리라"(3절). 이제 이스라엘은 선조들로부터 이어져 온 불순종과 게으름과 의심을 떨쳐 내고(4~6절) 겸손히 하나님께 나아가기만 하면 되는 것이다. 그러면 주님은 약속을 이루시며 은혜를 베푸실 것이다. 스가랴가 본 첫 번째 환상은 그런 의미를 전하고 있다.

어쨌든 이스라엘은 정녕 회복될 것이고 성전은 반드시 재건될 것이며 예루살렘은 크게 위로를 받을 것이다. 그리고 이스라엘을 심하게 괴롭혔던 열방은 하나님께 심판을 받을 것이다. 특히 두 번째 환상의 내용처럼, 이스라엘을 괴롭힌 나라들의 뿔은 하나님이 반드시 "꺾으실 것이다"(21절). 이제 이스라엘의 미래는 얼마나 성실한 회개의 열매를 맺느냐에 달려 있다. 오늘이 하나님의 약속과 당신의 회개가 만나는 복된 날이 되기를 소망한다.

우리가 기뻐할 이유

이스라엘 공동체와 예루살렘을 회복하는 것이 최우선 과제던 시절에, 주님은 신실한 지도자들(총독 스룹바벨과 제사장 여호수아)과 예언자들(학개와 스가랴)을 보내어 당신의 백성 이스라엘을 격려하셨다. (포로기 이후에는 유다가 곧 전체 이스라엘을 대표하게 되었다. 북쪽 지파들은 돌아오지 못했다.) 특히 스가랴의 메시지는 여덟 개의 환상을 중심으로 선포되었다.

세 번째 환상은 '측량줄을 잡은 사람'에 대한 것이다. 이를 통해 하나님은 예루살렘 성을 불로 감싸 보호하는 불 성벽이 되고, 그 성의 영광이 되겠다고 약속하신다(5절). 그리하여 예루살렘은 빠르게 회복될 것이고 더불어 하나님의 보호를 받게 되리라는 희망의 메시지였다. 하나님은 예루살렘 성과 성전을 통해 많은 민족의 주님으로 계시될 것이고, 유다는 이 비전을 위해 특별하게 사용될 것이다. 이것이 이스라엘이 기뻐해야 할 이유가 되었다(10절).

하나님의 백성으로 사는 기쁨, 하나님 나라 운동의 동역자로 선택된 기쁨, 그것이 당신과 내 안에도 가득하기를 희망한다. 세상도 그 기쁨을 알게 된다면 더 좋고.

비전으로 사는 삶

유다 민족의 재건과 사명에 대한 확신을 주신 하나님은 네 번째 환상을 통해 교회의 영광에 대한 확신을 더하신다. 환상의 주인공인 제사장 여호수아는 그 시대 교회의 대표자였다. 그는 사탄에게 고소를 당하지만, 주님의 변호를 받으며 더러운 옷을 벗고 아름다운 옷을 입게 된다(3~5절). 그리고 경고와 권면, 약속과 묵시의 말씀을 듣게 된다(7~10절).

환상 속에서 본 제사장 여호수아의 모습은, 이스라엘을 제사장의 나라로 사용하시겠다는 하나님의 뜻을 드러낸다. 더 나아가 새순(메시아)과 그의 백성, 곧 교회의 미래에 대한 분명한 예언이기도 하다. 그리고 "그날에, 너희가 각각 포도나무와 무화과나무 아래로 서로 초대할 것이다"(10절)라는 말씀은 메시아의 다스림으로 평화의 시대가 열릴 것이란 뜻이다.

일곱 눈을 가진 하나님의 열심과 도움으로 교회는 메시아의 동역자로 서게 될 것이다. 이 환상(비전)이, 깨어 있는 모든 그리스도인의 가슴을 뜨겁게 하기를 바란다.

믿음, 힘을 내는 용기

스가랴가 다섯 번째로 본 환상은 금 촛대와 두 감람나무에 관한 것이다. 계속 타오르는 일곱 등잔을 가진 촛대는 양옆에 서 있는 두 감람나무로부터 기름을 직접 공급받고 있었다. 이 환상으로 하나님은 어려움에 처한 당신의 백성을 격려하신다. 그들은 당시의 고통이 너무 커서 자신들의 처지를 소망이 없는 것으로 여겼고, 그들의 성전은 재건될 수 없으며 그들의 성읍은 회복될 수 없다고 생각했다. 그런데 하나님은 환상을 통해 주님의 능력이 그 일을 반드시 이루실 거라는 약속을 새롭게 하셨다. 더불어 하나님이 세우신 지도자들이 '성전 건축'이라는 거룩한 사업을 잘 감당할 것이라는 신뢰를 보여 주셨다.

혼실을 헤아리며 주저하는 것은 염려고 걱정일 뿐, 능력이 될 수는 없다. 주님을 믿고 힘을 내는 것만이 능력이 된다. 주님이 이루신다는 믿음을 가지고 주님의 일을 하는 사람들을 통해 하나님 나라는 오늘도 이 땅에 임하고 있다.

새 시대로 나아가려면

포로기 이후 다들 가난하고 질서는 잡히지 않던 시절, 거짓과 사기로 남의 것을 빼앗는 악행이 성했고, 이와 관련한 분쟁과 위증들이 있었다. 스가랴가 본 여섯 번째 환상은 이를 심판하시는 의의 주님을 선포한다. 성전의 성소만큼이나 큰 '날아가는 두루마리'에는 저주가 가득 적혔는데, 그 저주는 "남의 것을 훔친 자의 집과 주님의 이름을 팔아 거짓 맹세를 하며 사기 친 자의 집"에 들어가서 그들의 집을 죄다 허물게 된다(4절).

일곱 번째 환상은, 죄악의 상징인 여인을 가두고 납봉한 에바(뒤주)를 두 여인이 황새 날개 같은 것으로 바람을 일으키며 들어 올려 시날 땅(바벨론)으로 옮겨 가는 내용이다. 이는 가나안 사람들을 따라 풍요의 여신을 섬겼던 유다의 죄악이 그 땅에서 청산될 것이라는 비전이다.

하나님은 이 환상들을 통해 사회적 죄악과 종교적 배신을 깨끗이 청산하고, 새 시대와 새로운 공동체를 건설하기 위해 전진하자고 백성을 격려하신다. 어느 시대든 영적 비전과 공적 가치관이 청결해질 때, 새로운 공동체가 드러날 조건은 갖추어진 것이다.

비전과 희망을 잇다

스가랴가 마지막으로 본 여덟 번째 환상은 놋쇠로 된 두 산(중동에서는 하늘 문을 이렇게 묘사한다) 사이에 있는 병거 네 대의 모습이다. 첫째 병거부터 차례로 붉은 말, 검은 말, 흰 말, 점박이 말이 끌고 있다. 천사의 해석에 따르면 네 병거는 하늘의 영들이며 각각 동, 북, 서, 남방으로 나가게 될 것이다. 이 마지막 환상은 온 세상에 흩어진 하나님의 백성을 고향으로 데려오기 위해 하나님이 일하고 계신다는 희망을 전한다(8절).

북쪽으로 갔던 '검은 말'의 역사였을까. 바벨론에서 세 사람이 돌아왔고, 그들은 은과 금을 예물로 가져왔다. 하나님은 스가랴에게 그 은금으로 면류관을 만들어 제사장 여호수아에게 씌우라 하신다(11절). 스룹바벨이 감당했던 성전 완공과 새 공동체 건설 사명을 여호수아가 계승하도록 하라는 뜻이다. 귀향 2세인 제사장 여호수아가 오실 메시아 "새순"을 향한 비전을 잇게 된 것이다. 이것은 메시아 사역과 비전의 계승이 평화롭게 이어질 것이란 희망이었다. 이처럼 주님의 공동체는 세대를 이어 가며 하나님 나라의 비전과 희망을 증언하는 사명을 감당해야 한다.

신앙의 '뉴노멀'

벧엘에서 보낸 사람들이 왔다. 그들은 아직 바벨론식 이름을 썼다. 그들은 포로생활 내내 지켜 왔던 5월 금식(예루살렘의 무너짐을 상기하면서)과 7월 금식(그달리야의 암살을 상기하면서?)을 계속해야 하는가를 물었다. 그들에게 주님은 되물으신다. "그 금식은 나를 위한 것이냐, 너희를 위한 것이냐"(5절). 주님은 자기만족적인 근신 행위가 진짜 순종이 되는 것은 아님을 깨우치고자 하신 것이다. 이스라엘이 예언자들의 가르침대로 하나님의 법에 따라 살면서 서로를 자비와 공의로 대했더라면, 약하고 가난한 이웃을 속이지 않고 사랑으로 섬겼더라면, 그들이 금식하며 슬픔과 분노로 기억하고자 했던 온갖 불행은 찾아오지 않았을 수도 있다.

지금도 참된 신앙생활은 금식 절기 같은 것을 통해 이루어지기보다, "과부와 고아와 나그네와 가난한 자"를 돌보려는 의지와 행동으로 이루어진다(10절). 다들 출세와 성공만을 바라는 세상에서는 이런 신앙이 별나게 보이겠지만, 그래서 그것이 회개이며 바로 '뉴노멀'(New Normal)이다. 예수님도 참신앙으로 사셨다. 그래서 십자가에 달리셨고, '뉴노멀'의 첫 열매가 되셨다.

하나님 나라의 비전

주님은 바벨론에서 돌아온 백성에게 열 가지로 간추린 복을 약속하신다. 성경에서 볼 수 있는 가장 희망적인 메시지 중 하나다. 예루살렘은 회복되고 복구되고 개혁되어 이름처럼 평화의 성이 될 것이다(1~8절). 나라는 부요하고 산업은 번창할 것이며, 하나님의 백성은 그 명성을 되찾을 것이다. 민족의 형편 또한 크게 나아져 모든 면에서 그동안 계속됐던 환난의 때를 능히 잊을 만하게 될 것이다(9~15절). 이 같은 은혜를 받은 백성은 어떻게 살게 될까. 오직 이웃과 더불어 진실하고 화평하며 정직하게 살 것이다(16~17절). 바벨론에서 지키던 슬픔과 탄식의 금식 절기는 기쁨과 즐거움과 희락의 절기로 바뀔 것이다(18~19절). 그렇게 될 때, 이스라엘은 복의 이정표가 되어 모든 족속에게 선교하는 민족이 될 것이다. 모든 나라와 족속이 "우리도 너희처럼 하나님께 복 받고 싶다. 제발 함께 가게 해 다오" 외치면서 예루살렘으로 몰려올 것이다(20~23절).

상상만 해도 흥분이 된다. 평화로 하나 된 나라와 그 땅의 교회가 이렇게 벅찬 희망과 하나님 나라의 비전을 이루는 날이 머지않아 온다! 아, 얼마나 좋을까.

나귀 타고 오시리라!

바사를 멸망시킨 알렉산더의 원정을 아는가. 스가랴는 이 원정을 통해 유다의 불의한 이웃들, 곧 수리아, 두로, 블레셋에 대한 하나님의 심판이 이루어졌다고 해석한다. 알렉산더는 물론 '세계제국'이라는 욕망으로 정복 전쟁을 벌였겠으나, 주님은 그를 세계적 섭리의 도구로 사용하신 것이다. 그를 통해 동서양의 문명이 본격적으로 만났고 교류했다. 그 결과 등장한 헬레니즘 세계는 유다에게 큰 고통을 주었지만, 메시아가 강림하는 무대가 되기도 했다. 그렇다고 폭풍처럼 몰아치던 알렉산더의 정복 전쟁을 세계의 구원과 비슷한 것으로 오해할 것까지는 없다. 오히려 하나님은 우리의 시선을 "겸손하여 나귀 새끼를 탄" 메시아가 오리라는 약속으로 이끄신다(9절). 바로 그 메시아를 통해 구원은 이 땅에 임할 것이다. 그 구원은 전쟁과 정복이 아니라 평화와 회복의 다스림을 통해 이루어질 것이다. 평화의 왕, 메시아의 백성은 왕관의 보석처럼 빛날 것이고. "그의 형통함과 그의 아름다움이 어찌 그리 큰지 곡식은 청년을, 새 포도주는 처녀를 강건하게 하리라"(17절).

목자의 휘파람 소리

많은 "목자들"(3절)이 이스라엘을 거쳐 갔다. 그러나 사실 그들은 목자가 아니라 압제자였을 뿐이다. 그들보다 더 나쁜 것은 "숫염소"들, 곧 이스라엘의 어용 지도자들이었다. 그들은 양떼를 이끌어 이방인 압제자들(거짓 목자들)을 따르도록 했다. 하나님은 제대로 된 목자를 못 만나서 유리하고 방황하는 이스라엘을 불쌍히 여기시어(2절), 거짓 목자들과 그들을 지지하던 숫염소들을 심판하시는 한편, 친히 이스라엘의 목자가 되겠다고 다짐하신다. "내가 그들을 향하여 휘파람을 불어 그들을 모을 것은 내가 그들을 구속하였음이라 그들이 전에 번성하던 것 같이 번성하리라"(8절).

그렇다. 하나님이 친히 목자가 되실 때, 아니, 오직 여호와만이 나의 목자라고 믿고 따라갈 때, 우리는 거짓 목자를 따르던 어리석음에서 벗어나고, 목적 없이 헤매던 불쌍한 처지에서 벗어나 선하고 바른길을 걷게 될 것이다. TV나 휴대폰의 소리를 죽이고, 광야의 엘리야처럼 조용히 엎디어 귀를 기울여 보자. 아스라이 들려오는 휘파람 소리가 있을 테다.

아, 불쌍한 양들!

이스라엘의 전통적인 목자들은 하나님의 소유인 양떼를 돌보는 데 무책임했다. 마치 제 것인 듯 사고팔거나 도살할 짐승처럼 다루었다. 주님은 예언자에게 불쌍한 양들을 사들여 돌보면서 좋은 목자의 본을 보이라 하신다(4절). 스가랴는 주님의 목양을 상징하는 지팡이 두 개('은총'과 '연합')로 죽어 가던 양을 돌보았다. 그러나 다른 목자들과 양떼는 '좋은 목자'를 따르지 않고 배척했다. 정나미가 떨어진 예언자에게, 주님은 '은총'을 부러뜨리며 선포하라 하신다. "나는 더 이상, 너희를 돌보는 목자 노릇을 하지 않겠다. 죽을 놈은 죽고, 망할 놈은 망하여라. 그러고도 남는 것들은 서로 잡아먹어라"(9절, 새번역). 예언자가 물러나며 받은 품삯은 은 삼십이다. 노예 한 명의 값이었다. 주님은 그 돈을 '토기(성전기구)장이'에게 던져 버리고, 남은 '연합'도 꺾으라 하신다.

그 후에 주님은 한 번 더 목자 노릇을 시키셨다. 전과 달리 '삯꾼' 역이었다(15절). 앞으로 참목자(예수)를 배척한 후에 주님의 백성이 만날 목자는 삯꾼일 것이란 뜻이다. 그 나쁜 목자가 헬라든 로마든 다른 누구든 간에, 이스라엘(교회)에게는 자업자득의 재앙이 될 것이란 예언이다.

그날이 오면

12~14장은 10번 이상 '그날'을 말한다. 새 이스라엘이 될 메시아 공동체는 다른 민족에 의해 온갖 고초를 겪은 끝에, 마침내 "하늘과 땅을 만드신 분, 사람 안에 영을 만들어 주신 분"(1절)의 구원과 도움을 받게 될 것이다. '그날'에는 주님의 백성을 없애려던 자들은 술에 취한 듯 비틀거리고 무거운 돌을 들다 다친 자처럼 크게 상할 것이다(2, 3절). 반면 "만군의 여호와로 말미암아 힘을 얻었다"(5절)라고 찬송하며 견디어 낸 백성과 지도자들은 승리자로 설 것이다. 또한 '그날'에는 주님이 예루살렘 주민을 보호하여 그들 중 가장 연약한 사람도 다윗처럼 강하게 할 것이고, 다윗 집안은 하나님처럼, 천사처럼, 그렇게 백성을 인도할 것이다(8절).

무엇보다도 지도자든 백성이든 주님이 부어 주신 '은혜를 구하는 영'과 '용서를 비는 영'에 감화된 이들은, "그들이 찔러 죽인 그를 바라보고서, 외아들을 잃고 울듯이 슬피 울며, 맏아들을 잃고 슬퍼하듯이 슬퍼할" 것이다(10절). 그렇게 회개의 능력과 참회의 의지가 만날 때, 성숙한 하나 됨이란 또 다른 승리를 얻게 될 것이다. 그리고 '그날'은 반드시 올 것이다.

간구하는 심령으로

하나님의 백성을 향한 하나님의 궁극적인 목표는 구원이다. 이를 위해 하나님은 당신의 백성을 치는 무리들을 멸하시며, "간구하는 심령"(12:10)을 당신의 백성에게 부어 주시어 그들을 안으로부터, 또 마음으로부터 새롭게 하실 것이다. 이 심령을 가진 자들은 "찔린 자"(십자가의 그리스도)를 바라보며 애통해할 것인데, 그들을 위해서는 "죄와 더러움을 씻는 샘"(1절, 세례를 뜻한다고 해석)이 열릴 것이다. 또한 단련 끝에 남은 자들은 하나님의 백성으로 거듭날 것이고, 하나님은 그들의 하나님으로 일컬어지기를 기뻐하실 것이다(9절). 이것이 그리스도를 통해 이루어질 구원의 비전이고, 다시 오실 그리스도 안에서 영원히 누릴 구원의 은총이다. 물론, 우상숭배자들과 밥벌이 예언자들은 모두 쫓겨날 것이다.

그리스도 예수 안에서 이 구원은 이루어졌다. 그리고 지금도 이루어지고 있다. 문제는 우리가 이 구원의 비전을 잊은 듯, 믿지 않는 듯 살 때가 있다는 것 아닐까. 그래서 구원은 믿는 자에게 주시는 하나님의 은혜인 것이다.

그날을 기다린다면

펭귄은 물에 들어가야 먹이를 구할 수 있다. 하지만 물속에는 바다표범 등 무서운 사냥꾼이 기다리고 있다. 펭귄 입장에서는 주저할 수밖에 없다. 모두들 주춤거리고 있는데 한 마리가 뛰어든다. 이것이 '첫 번째 펭귄'이다. 불확실의 위험을 감수한 용감한 놈이다. 그제야 다른 펭귄도 따라 뛰어든다. 이시형의『공부하는 독종이 살아남는다』에서 만난 이 첫 번째 펭귄에게서 묵시를 얻는다. 하나님의 '그날'을 기다리는 신앙인의 모습은 첫 번째 펭귄과 같지 않을까. 생각해 보면, 예언자들도 세례 요한도, 또 그물을 놔두고 예수를 따라나선 제자들도 다 첫 번째 펭귄이었다. 이런 이들을 통해 '그날'은 우리 앞에 한 걸음씩 더 다가왔다.

그날, 곧 여흐와의 날은 예루살렘을 치러 온 적들이 파멸하는 날이다(12~15절). 메시아가 은혜의 왕국을 세우는 날이고(4~11절), 열국 중에서 남은 백성이 주님께로 돌아오는 날이며(16~19절), 모든 것이 '성결'하게 되는 영광의 나라가 임하는 날이다(20~21절).

이제 '그날'을 향해 뛰어든 첫 번째 펭귄이 되어 보자. 그것이 진정 기다림이고 희망일 테니.

정말 사랑을 바라느냐

바벨론으로 끌려갔던 유다 백성이 돌아오기 시작한 지도 백여 년이 넘었다. 우여곡절 끝에 성전을 재건하긴 했지만, 유다는 여전히 가난한 식민지와 같았다. 삶은 곤고했고, 예배와 기도는 매너리즘에 갇혀 있었다(8, 9절). 자연히 불평 소리는 커졌다. "주께서 우리를 사랑하는 것이 맞습니까?"(2절) 그런데 하나님은 오히려 되물으신다. "내가 너희를 사랑하지 않았느냐?"

사실 그들은 하나님의 사랑을 바라지 않았다. 주님의 약속을 의지하지도 않았다. 그게 아니라면, 더러운 빵이나 눈멀고 병든 짐승을 제단에 올리면서 "은혜를 베풀어 주소서!" 할 수는 없었을 것이다. 하나님은 누가 제사 좀 못하게 하면 좋겠다고 탄식하신다(10절). 오히려 "해가 뜨는 곳으로부터 해가 지는 곳까지, 내 이름이 이방 민족들 가운데서 높임을" 받는 게 낫겠다고 하신다(11절). 그들이라면 오히려 '깨끗한 제물'을 바치며, 주님의 이름을 참마음으로 높일 테니 말이다. 누구라도 주님의 복과 은혜를 독점할 수 없다. 그러니 두렵고 떨리는 마음으로 한번 따져 봐야 한다. '우리는 정말 하나님의 사랑을 바라는 것일까?'

똥칠을 당하고 싶은 게냐?

"제사장의 입술은 지식을 지켜야 하겠고, 사람들이 그의 입에서 율법을 구하게 되어야 할 것이다. 제사장이야말로 만군의 주 나의 특사('말라기')이기 때문이다"(7절, 새번역). 레위 지파를 구별하신 하나님의 뜻이다. 제사장들이 그 소명대로 살려고 애쓰던 때가 있었다. 참된 법을 가르치고 그릇된 것을 말하지 않으며 주님께 늘 정직했다. 또한 사람들이 악한 길에서 돌아서게 도왔다(6절).

그랬던 제사장들이 타락했다. "바른길에서 떠났으며, 율법을 버리고 곁길로 가도록 가르치기도 했다"(8절). "율법을 편파적으로 적용하여"(9절) 출세와 기득권을 위해 예배나 결혼을 수단으로 삼는 짓을 용납했다(14절). 그러면서도 "정의의 하나님이 어디 계시냐?"라고 떠들며 주님을 괴롭혔다(17절). 그들에게 주님은 말씀하신다. "너희가 만일 듣지 아니하며 마음에 두지 아니하여 내 이름을 영화롭게 하지 아니하면 내가 너희에게 저주를 내려 너희의 복을 저주하리라 … 보라 내가 너희의 자손을 꾸짖을 것이요 똥 곧 너희 절기의 희생의 똥을 너희 얼굴에 바를 것이라(2~3절).

우리 시대의 제사장들은 주님의 간곡한 타이름에서 자유로울까. 이미 똥무더기 위에 버려진 듯도 한데….

정의의 주님이 어디 있냐고?

"주님께서는 악한 일을 하는 사람도 모두 좋게 보신다. 오히려 더 사랑하신다"라고 말하고, 또 "공의롭게 재판하시는 하나님이 어디에 계시는가?" 떠들던(2:17) 이스라엘은 하나님의 나라, 곧 하나님의 통치를 믿지 못하게 된 듯하다. 3장은 이에 대한 주님의 답이다. 주님은 우선 정의로운 나라를 기꺼워하지 않는 이들에게는 친히 특사를 보내어 주님의 길(통치)을 준비하게 하리라고 다짐하신다. 특사는 이스라엘의 신앙에 붙어 있던 쇠똥 같은 불순물을 제거하고, 그들의 믿음을 순은처럼 만들어 놓을 것이다. 그때 주님은 재판관으로 임하셔서 믿음 없음으로 야기된 죄를 밝히고 심판하실 것이다. 하나님 나라의 법, 곧 자비와 정의의 계명을 어긴 죄(5절)와 하나님의 것을 도둑질하듯 살아온 죄(8~9절), 그리고 하나님을 섬기는 일을 헛되다 하며 복음을 왜곡한 교만의 죄(14~15절)들은 다 저주를 받게 될 것이다.

그러나 주님의 자비와 축복의 약속이 변한 것은 아니다. 주님은 "주님을 경외하며, 주님의 이름을 존중하는 사람들"을 '기념책'에 기록하셨다가 반드시 복을 주실 것이다(16~17절).

사랑하겠다는 다짐

말라기의 때는 이스라엘의 전통에 발을 붙이고 살던 나이 든 세대와 새로운 헬라의 사상 및 생활방식에 익숙해진 젊은 세대가 서로 갈라지던 시기였다. 세대의 차이는 이스라엘의 미래를 어둡게 만들고 있었다. 곧, 하나님 나라의 법과 말씀이 끊어지고, 서로 다름이 혐오와 차별을 일으켰다. 주님은 엘리야를 보내겠다는 해결책을 제시하신다(예언자 또는 예언자적 공동체를 보내어 자녀들을 다시 부르시고 메시아의 길을 예비하시겠다는 것이다).

하나님은 심판의 권세를 가지셨지만, 또한 날마다 사랑을 다짐하시는 헤세드(인애)의 아버지시다. 아버지를 존중하지 않는 자녀들에게도 그 사랑을 알리시려고 모세와 엘리야를, 그리고 메시아를 보내신 하나님의 열심을 생각하니 목이 멘다. 사랑의 본질은 '사랑하겠다는 다짐'이 아니던가. 조건도 이유도 보상도 없지만, 그래도 다짐하는 그 사랑이 얼마나 귀한가.

사랑하리라는 다짐 그리고 끈질긴 실천, 그것만이 주님의 제자도이며 선교이며 통합의 지혜가 된다. 특히, 세대와 계층 간의 몰이해와 적대감으로 서로가 괴로운 우리 시대에는 더욱 그렇다.

세월이 날아가기 전에

초판 1쇄 인쇄 2026년 3월 20일
초판 1쇄 발행 2026년 4월 10일

글 김종익
펴낸이 홍지애
펴낸곳 꿈꾸는인생
주소 경기도 안양시 동안구 부림로 121, 901-127호
전화 070-4046-2371
팩스 02-6008-4874
이메일 lifewithdream@naver.com

ISBN 979-11-91018-37-0 (03230)